Inhalt
Contents

Interrealität ist das Konzept, das die gesamte Realität definiert. Es geht über unsere eigenen Vorstellungen von Realität hinaus, die begrenzt und eng sind. Die Interrealität umfasst alles, was existiert, vom kleinsten subatomaren Teilchen bis zum größten Supercluster von Galaxien. Das Konzept der Interaktion von Realitäten ist grundlegend für ein angemessenes Verständnis der Realität. Interrealität beschreibt das, was sich auf unsere eigene Realität auswirkt oder von ihr beeinflusst werden kann. Interrealität ist selbstreferenziell, da sich die Realität auf sich selbst auswirkt. Menschen sind Teil der Interrealität und beeinflussen sie. Sie tun dies durch ihre Gedanken und Handlungen. Alle menschlichen Realitäten sind miteinander verbunden. Interrealität ist ein riesiges Informationsnetz, das alle Dinge zusammenhält. Interrealität ist ein riesiges Netzwerk von Interkonnektivität, das alles mit allen anderen Dingen verbindet. Interrealität hat keinen Anfang und kein Ende. Interrealität ist ein riesiges Depot von Daten, das alles menschliche Wissen sowie die Gesamtsumme von allem, was in unserem Universum existiert, umfasst. Interrealität enthält jede einzelne Information, die jemals von einem empfindungsfähigen Organismus erzeugt oder vorgestellt wurde.

Interreality is the concept that defines all of reality. It goes beyond our own conceptions of reality, which are limited and narrow. Interreality includes everything in existence, from the smallest subatomic particle to the largest supercluster of galaxies. The concept of interacting realities is fundamental to a proper understanding of reality. Interreality describes that which has an effect on our own reality, or can be affected by it. Interreality is self-referential, in that reality affects itself. Human beings are part of Interreality and affect it. They do so through the thoughts they have and actions they take. All human realities are interconnected. Interreality is a giant web of information that binds all things together. Interreality is a giant network of interconnectivity that binds everything to all other things. Interreality has no beginning and it has no end. Interreality is a massive repository of data that includes all human knowledge, as well as the sum total of everything that exists in our universe. Interreality contains every single bit of information ever generated or imagined by any sentient organism.

Text von Open AI [Künstliche Intelligenz]
basierend auf Generative Pre-trained Transformer 3 [GPT-3]
Text by Open AI [Artificial Intelligence]
based on Generative Pre-trained Transformer 3 [GPT-3]

Alexander Iskin

The Cause Lies in the Future

Die Ursache liegt in der Zukunft

Bettina Ruhrberg is typing ...

Den Ausstellungstitel *Die Ursache liegt in der Zukunft* hatte Alexander Iskin einige Monate vor der Ausstellung im Mönchehaus Museum gewählt. Er bezieht sich auf einen paradox erscheinenden Befund von Joseph Beuys, einem wichtigen Anreger von Iskins Werk: „Es muss etwas ins Blickfeld kommen, bevor es da ist. Das nenne ich aus der Zukunft heraus bewegt sich etwas. Da gibt's auch eine Ursache, aber die Ursache liegt in der Zukunft, und logischerweise ist die Wirkung in der Gegenwart eher da, als die Ursache in der Zukunft zu finden ist.“ Beuys hatte die ausdrucksvolle Formulierung von dem Kybernetiker Heinz von Foerster übernommen, der sich mit dem Phänomen der Antizipation auseinandersetzte und eine Reihe Zukunftsforscher in der Annahme bestärkte, dass der Mensch durch das Zukünftige, das Kommende eher bestimmt werde als durch die Vergangenheit. Die Energie, etwas in Bewegung zu versetzen, etwas zu entfalten, entstehe im Blick auf die Zukunft und verleihe dem Menschen die Fähigkeit, etwas vorauszuahnen, vorwegzunehmen. Insbesondere schöpferische Prozesse seien nicht Resultat einer Reaktion, sondern Ergebnis einer Vorwegnahme, postuliert u. a. der Philosoph Mahai Nadin. Diese These hat Alexander Iskin auf besondere Weise bestätigt, denn der Ausstellung in Goslar ging eine sechswöchige Malaktion und Performance in der Berliner Galerie Sexauer voraus, deren Ergebnis, so sah es die Konzeption der Ausstellung vor, im Mönchehaus Museum gezeigt werden sollte. Während der Performance *Arturbating* hatte sich Alexander Iskin sechs Wochen in der Galerie von der Außenwelt isoliert, um dort zu malen. Permanent beobachtet wurde er jedoch von Kameras, die jede seiner Gesten und Handlungen ins Netz übertrugen und über eine Internetseite abrufbar waren, wobei die Zuschauer zu festgelegten Zeiten in einem Chat mit dem Künstler kommunizieren konnten. Ausgenommen waren allein seine Schlafphasen. Nach vorheriger Anmeldung konnte man den Künstler auch physisch besuchen, vorausgesetzt man brachte ihm etwas zu essen mit. Die Performance diente Alexander Iskin als Versuchsanordnung, um herauszufinden, wie sich durch die virtuelle Dauersichtbarkeit auf der einen und die physische Isolation auf der anderen Seite sowohl seine eigene psychische Verfasstheit als auch der künstlerische Prozess verändern würden. Seit 2016 kreist Iskins künstlerische Tätigkeit um die Frage, in welchem Verhältnis virtuelle und physische Realität unser aktuelles Leben bestimmen. Für die hybriden Formen unseres Alltags hat der Künstler den Begriff der Inter-Realität gefunden und ihn zugleich, in der Tradition der klassischen Avantgarden, als Ismus in die Kunst eingeführt. Mit erheblichem, aber zugleich augenzwinkerndem Anspruch hat er daher den Interrealismus für seine Arbeit – ob Malerei, Performance oder Installation – begründet und kurzerhand das Interrealistische Zeitalter ausgerufen.

Ob man ihm hier folgen möchte oder auch nicht: Tatsache ist, dass vier Wochen nach Beginn der Berliner Performance aufgrund der Covid19-Pandemie der Lockdown ausgerufen wurde, sodass die Realität das künstlerische Setting einholte. Iskins Anordnung hatte eine Reihe der Dinge vorweggenommen, die seither unser Leben mit dem Virus bestimmen – Isolation, Homeoffice und hybride Kommunikationsformen. Hier scheint sich einmal mehr zu bewahrheiten, dass Künstler zuweilen seismografisch gesellschaftliche Zustände erfassen, die erst in der Zukunft sichtbar werden.

Doch Alexander Iskin als Propheten zu charakterisieren, ginge an seinem Werk vorbei. So sehr ihn Zukunftsfragen beschäftigen und er durch die Auseinandersetzung mit Futurologen, Philosophen und KI-Forschern zahlreiche Anregungen für seine Arbeit erhält, so sehr ist er doch dem traditionellen Medium der Malerei verhaftet. Sie ist und bleibt – neben gelegentlichen Ausflügen in andere Medien – seine „Muttersprache", wie er selbst betont. Die Beschäftigung mit brennenden Zeitfragen spiegelt sich in der Motivik seiner zwischen Figuration und Abstraktion angelegten Formationen. Da purzeln, schweben oder tanzen deformierte Körper oder Körperteile vor oder in schwer zu definierenden, vielschichtigen Räumen, in denen sie sich zu verlieren scheinen. Im Laufe seiner Entwicklung hat die Abstraktion gegenüber der Figuration immer größeren Raum eingenommen. Iskin nutzt die Malerei jedoch stets klassisch im Sinne einer Repräsentation, d. h. seine autonome Bildwelt versteht sich als Analogie zur Wirklichkeit. Sie verhält sich nicht kritisch gegenüber dem Medium und zerlegt, dekonstruiert oder befragt die Malerei analytisch, wie es noch für viele Maler in den 1990er Jahren üblich war. Auch seine Mittel sind klassisch: Pinsel, Ölfarbe und Leinwand. Iskin hat zudem keine Scheu, sich offen auf malerische Traditionen wie den Expressionismus oder auf herausragende Einzelfiguren wie Francis Bacon oder Willem De Kooning zu beziehen. Die Haltung des Künstlers entspricht hier durchaus dem Trend einer neuen Malereigeneration, die sich von ideologischen und konzeptuellen Überlegungen befreit hat. Befreit hat sich Iskin in dem Fall auch von dem Diktum seines Spiritus Rector Joseph Beuys: „Der Fehler fängt schon an, wenn einer sich anschickt, Rahmen und Leinwand zu kaufen." Die Kombination aus Malereitradition, dem gedanklichen und motivischen Bezugsrahmen zur virtuellen Welt und ihre Integration in Performances oder die Verwendung von Versatzstücken dieser Welt wie dem Rahmengehäuse eines iPad oder eines Apple Computers als Rahmen für ein Gemälde machen den Reiz der Bildwelt von Alexander Iskin aus.

Seine Werkentwicklung wird zweifellos für weitere Überraschungen sorgen. Wir haben daher seinen 30-jährigen Geburtstag zum Anlass genommen, ihm das vom Verein zur Förderung Moderner Kunst seit 1984 vergebene Kaiserringstipendium zu verleihen. Es ist mit einer Ausstellung im Mönchehaus Museum und im Anschluss in der KWS Art Lounge NEWCOMER in Einbeck verbunden. Mit dem Preis konnte erstmals ein Künstler ausgezeichnet werden, dessen künstlerische Entwicklung eng mit Goslar und dem Museum verbunden ist. Alexander Iskin kam als Sohn russisch-jüdischer Einwanderer im Jugendalter nach Goslar und hat dort sein Abitur gemacht. Während der Gymnasialzeit weckten die Ausstellungen der Kaiserring-Träger im Mönchehaus sein Interesse für Kunst. Die Begegnung mit Jonathan Meese und Herbert Volkmann bei einer Ausstellungseröffnung 2008 in unserem Hause ließ dann seinen Entschluss reifen, Kunst zu studieren.

Nach wenigen Lehrjahren bei Herbert Volkmann hat Alexander Iskin schon früh mit ersten Ausstellungen für Aufmerksamkeit gesorgt. Mit der ersten institutionellen Einzelausstellung in Goslar ebenso wie mit der Ausstellung in der KWS Art Lounge NEWCOMER in Einbeck und dem Kaiserringstipendium findet die künstlerische

Laufbahn von Alexander Iskin eine adäquate Fortsetzung. Das Goslarer Stipendium für junge Künstler wird seit 2014 von der AKB Stiftung Einbeck gefördert.

Zu danken haben wir daher an erster Stelle Michael und Andreas Büchting, die sich als innovative Unternehmer für den Gedanken einer Förderung junger Kunst sofort begeistern ließen. Das Konzept für diese Ausstellung hat Alexander Iskin mit großem Enthusiasmus erstellt, lange bevor abzusehen war, dass eine Pandemie unser Ausstellungswesen verändern würde. Sein Galerist Jan-Philipp Sexauer hat diese Pläne in jeder Phase großzügig unterstützt. Ihm gilt ebenso wie dem Künstler unser herzlicher Dank. Zu danken haben wir auch Leonie Pfennig für ihren instruktiven Aufsatz zum Werk von Alexander Iskin und Viola Vogel für die einfühlsame Gestaltung des Katalogs, die künstlerische Fragestellungen typografisch aufnimmt und übersetzt. Nicht zuletzt gilt mein Dank wie immer dem Team des Mönchehaus Museums, das die Ausstellung ebenso wie die Veranstaltungen in der schwierigen Zeit der Pandemie mit eingeschränkten Besucherzahlen und Hygienekonzepten reibungslos gemanagt hat.

The exhibition title *Die Ursache liegt in der Zukunft* (The Cause Lies in the Future) is one Alexander Iskin chose a few months before the exhibition in the Mönchehaus Museum. It refers to a seemingly paradoxical observation made by Joseph Beuys, an important inspiration for Iskin's work: 'Something must come into the field of view before it is there. I describe that as something moving from the future. There's a cause, but the cause lies in the future, and logically the effect in the present arrives before we can find the cause in the future.' Beuys had adopted the demonstrative expression from the cyberneticist Heinz von Foerster, who studied the phenomenon of anticipation and supported a number of futurologists in the assumption that a person was more determined by that which is yet to come than by the past. The energy of putting something into motion, of unfolding something, was created while looking to the future and gave a person the ability to have a premonition, to anticipate something. Creative processes in particular were not the result of a reaction; rather they were the result of anticipation, the philosopher Mahai Nadin suggested.

This theory was one Alexander Iskin confirmed in a special way, because the exhibition in Goslar was preceded by a six-week painting event and performance in Berlin's Sexauer Gallery, whose result – this was the exhibition concept – was to be shown in the Mönchehaus Museum. During the *Arturbating* performance, Alexander Iskin had isolated himself from the outside world in the gallery for six weeks in order to paint there. He was permanently observed by cameras that transmitted his gestures and actions to the internet, where they were accessible to the public and viewers were able to communicate with the artist via chat during certain hours. The only periods excluded from this live stream were when the artist was asleep. It was also possible to visit the artist in the flesh after prior arrangement, as long as you brought him something to eat. Alexander Iskin used the performance as an experimental setup in order to find out how the virtual constant visibility on the one hand and the physical isolation on the other would alter his own mental state as well as the artistic process. Since 2016 Iskin's artistic output has circled around the question how the virtual and physical realities determine our lives today. The artist coined the term 'inter-reality' for the hybrid forms of our daily lives, simultaneously introducing it to the art world as an -ism in the tradition of the long-established avant-garde. With quite some entitlement, albeit with a twinkle in his eye, he thus created *interrealism* for his work – be it painting, performance or installation – spontaneously proclaiming the *interrealistic* age.

Whether we wish to follow him here or not: the fact of the matter is that four weeks after the start of the Berlin performance a lockdown was declared in response to the COVID-19 pandemic so that reality caught up with the artistic setting. Iskin's setting had pre-empted a number of things that shape our lives with the virus – isolation, the home office and hybrid forms of communication. We once again seem to have evidence that artists, like a seismograph, can pick up on social circumstances that only become visible in the future.

But characterising Alexander Iskin as a prophet would sidestep his work. As much as he is interested in questions about the future and he obtains many ideas for his work as a result of his confrontation with futurologists, philosophers and AI-experts, he remains closely connected to the traditional medium of painting. Alongside occasional forays into other media – it is and will remain his 'mother tongue', as he himself emphasises. His occupation with the burning questions of our age is reflected in the motifs of his formations, which are set between figuration and abstraction. Deformed bodies or body parts tumble, float or dance in front of or in hard to define, complex spaces in which they seem to get lost. Over the course of his development, abstraction has taken on an ever bigger role over figuration. However, Iskin always uses painting in the classical sense of representation, meaning that his autonomous pictorial world sees itself as analogous to reality. It does not behave critically towards the medium, dissecting, deconstructing or questioning painting analytically as was still common for many painters in the 1990s. His tools are traditional too: brushes, oil paints and canvases. Equally, Iskin is not scared of openly referencing painterly traditions such as expressionism or outstanding individuals such as Francis Bacon and Willem De Kooning. The artist's attitude is certainly in line with the trend of a new generation of painters that has freed itself from ideological and conceptual considerations. Iskin has also freed himself here from the dictum of his guiding spirit Joseph Beuys: 'The mistake already begins when someone prepares to buy a frame and canvas.' The combination of painting tradition, the mental and motivic frame of reference to the virtual world and its integration in performances or the use of the trappings of this world such as the housings of iPads and Macs as frames for paintings are what make up the appeal of Alexander Iskin's pictorial world.

The development of his work will undoubtedly cause further surprises. We have therefore chosen his 30th birthday as the occasion on which to award him the Kaiserring grant, which has been awarded by the Verein zur Förderung Moderner Kunst since 1984. It is connected to an exhibition in the Mönchehaus Museum and then in the KWS Art Lounge NEWCOMER in Einbeck. This award is the first time the prize could go to an artist whose artistic development is closely linked to Goslar and the museum. Alexander Iskin came to Goslar as the son of Russian-Jewish migrants when he was an adolescent. He graduated high school in this town. During his time at the school the exhibitions by the Kaiserring recipients in the Mönchehaus Museum piqued his interest in art. His encounter with Jonathan Meese and Herbert Volkmann during the opening of an exhibition in our venue in 2008 finalised his decision to study art.

After studying a few years under Herbert Volkmann, Alexander Iskin attracted attention early on with his initial exhibitions. With the first institutional solo exhibition in Goslar along with the exhibition in the KWS Art Lounge NEWCOMER in Einbeck and the Kaiserring grant, Alexander Iskin's artistic career is proceeding well. The Goslar grant for young artists has been sponsored by the AKB Stiftung Einbeck since 2014.

For that reason we would first like to thank Michael and Andreas Büchting, who, as innovative entrepreneurs, immediately allowed themselves to be excited by the concept of supporting young art. Alexander Iskin created the concept for this exhibition with great enthusiasm, long before it was foreseeable that a pandemic would change our exhibition reality. Gallery owner Jan-Philipp Sexauer generously supported these plans at every stage. We would like to extend our sincere thanks to both him and the artist. We are also indebted to the named and unnamed individuals who have loaned us their artworks and have had to be without them for a long period of time. Furthermore, we would like to say thank you to Leonie Pfennig for her instructive essay on Alexander Iskin's work and Viola Vogel for her insightful design of the catalogue, which typographically addresses artistic questions and translates them. Last but not least I would, as always, like to express my gratitude to the team of the Mönchehaus Museum, who have effortlessly managed the exhibition as well as the events during this difficult pandemic period with reduced visitor numbers and new hygiene concepts.

www.arturbating.com

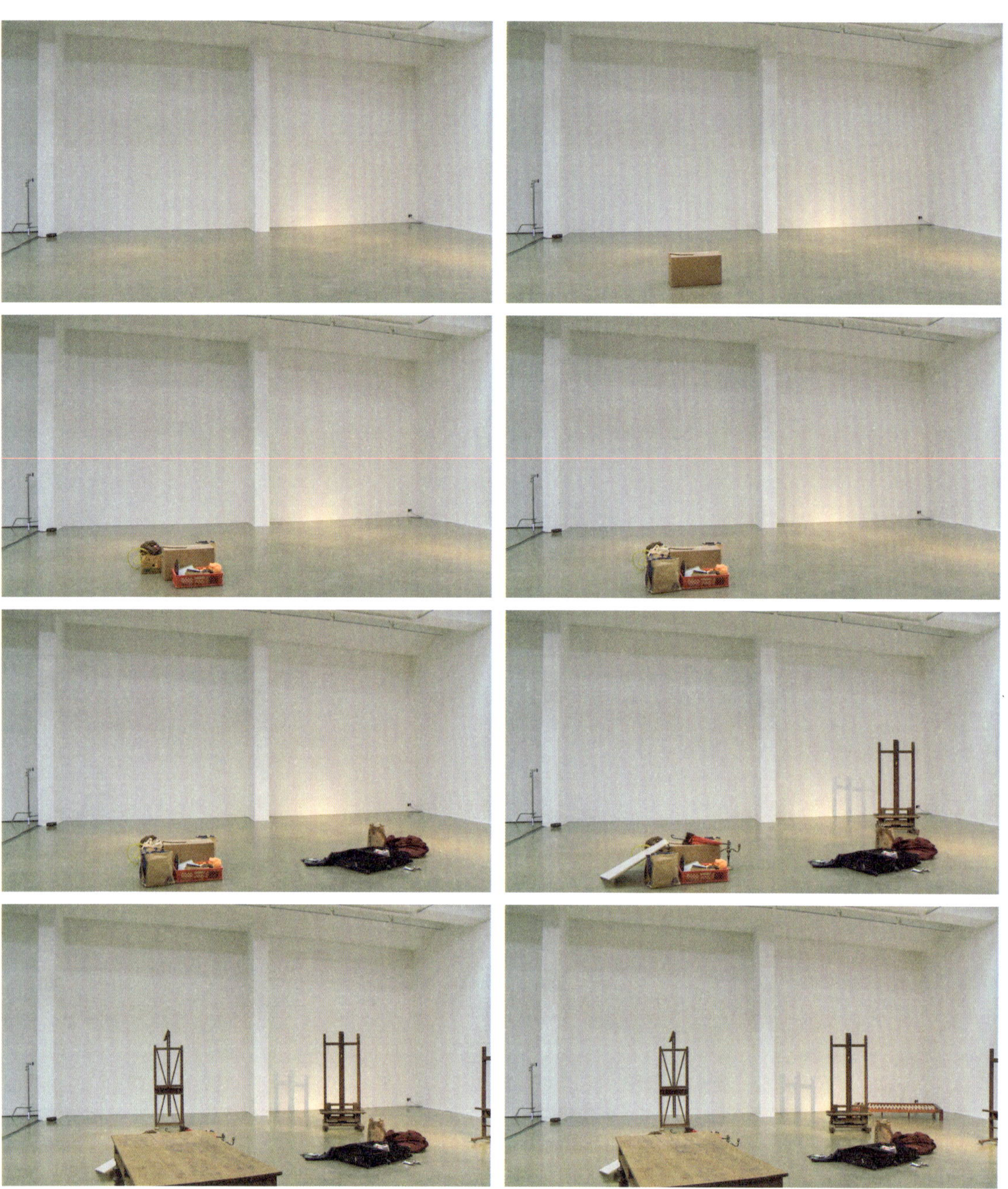

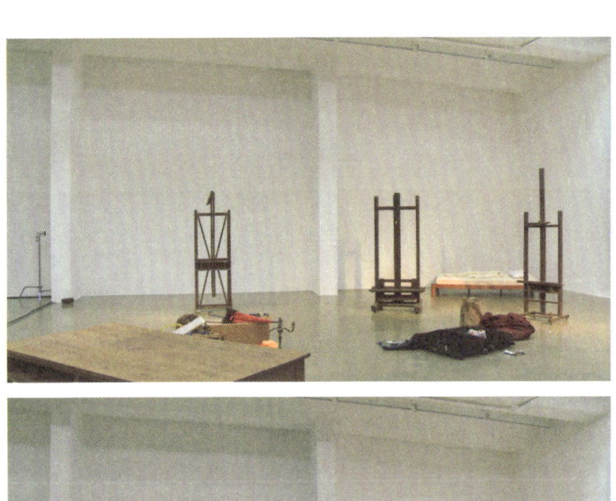
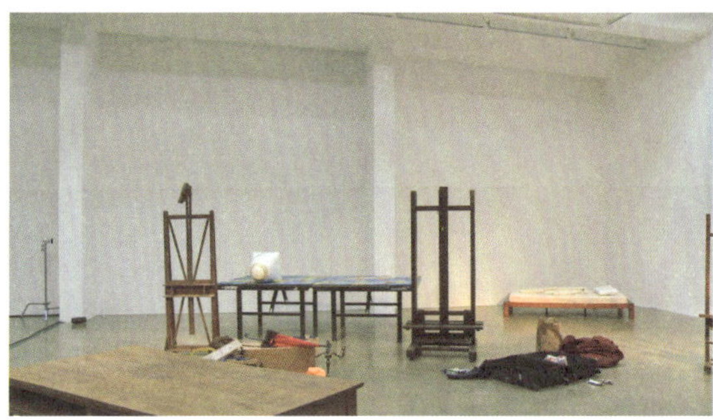
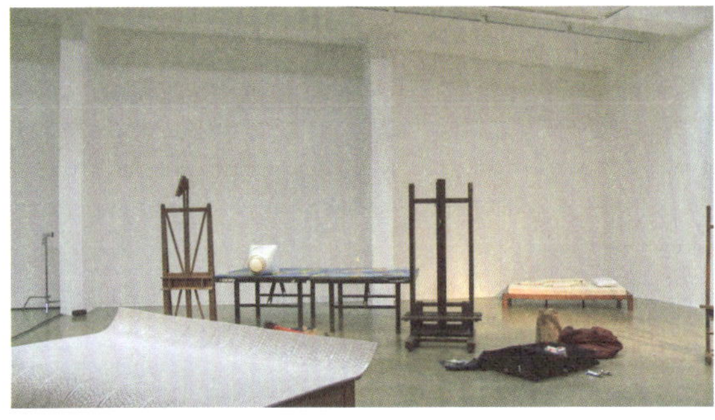
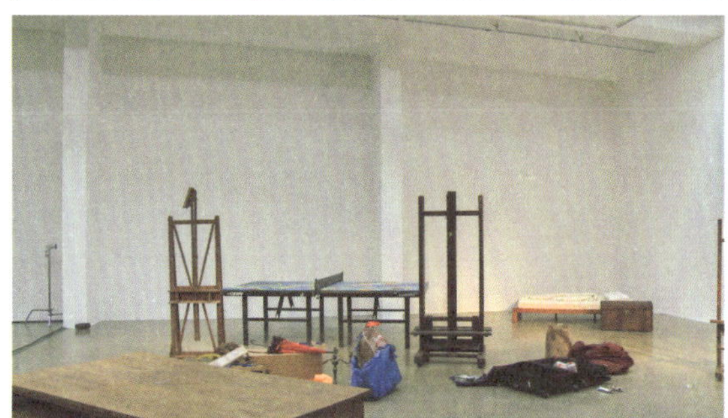
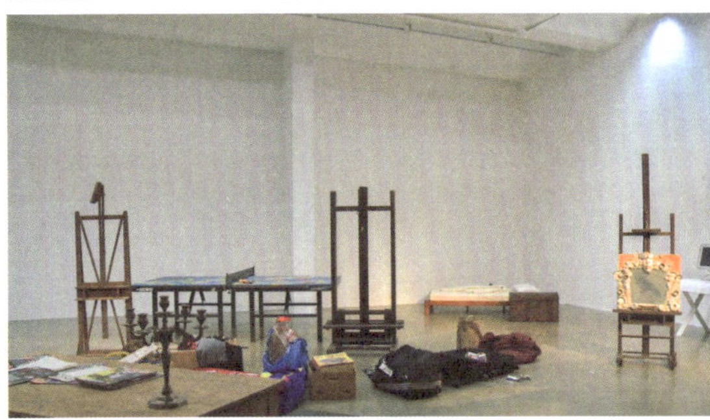
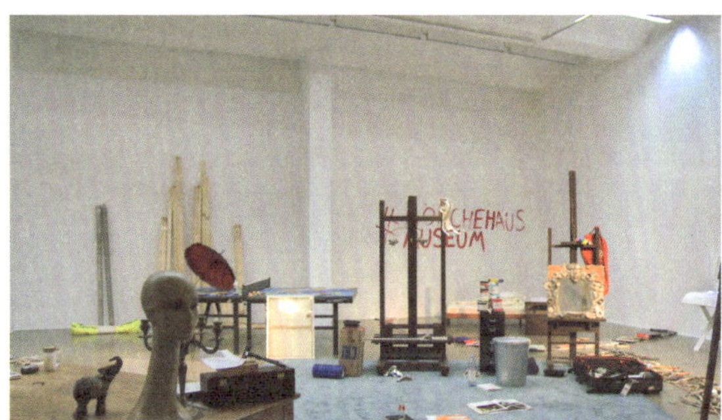
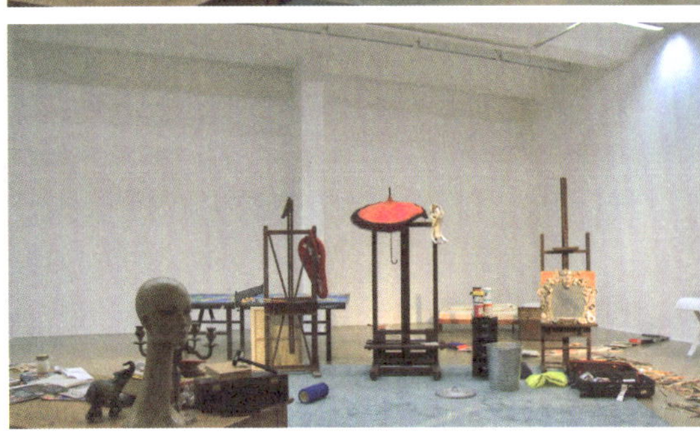
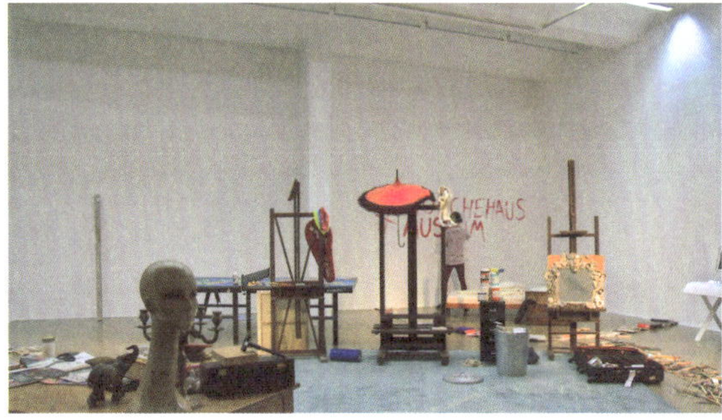

www.arturbating.com
Einzug in die Räume der Sexauer Gallery, Berlin 2020
Moving into Sexauer Gallery, Berlin 2020

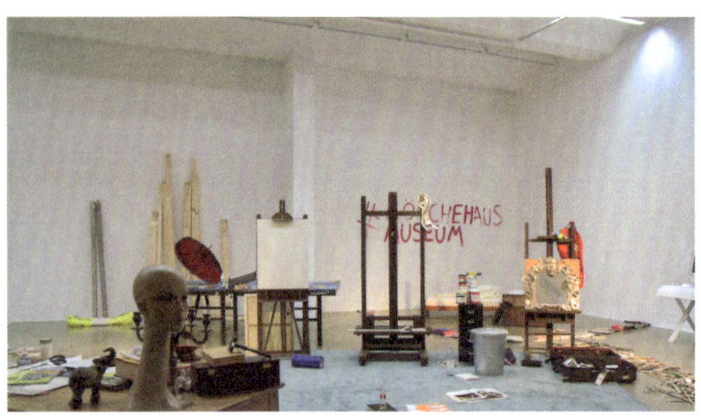

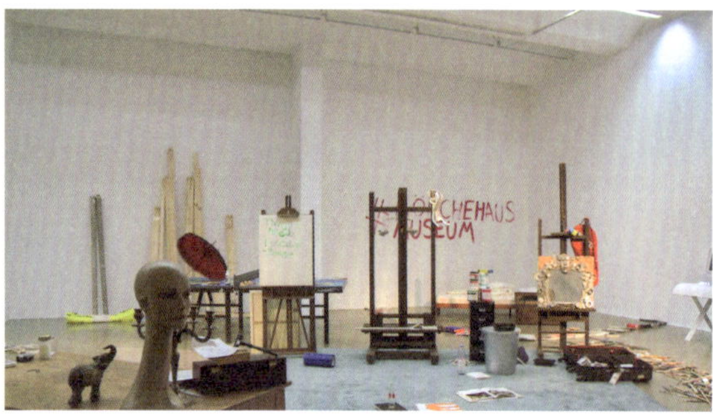

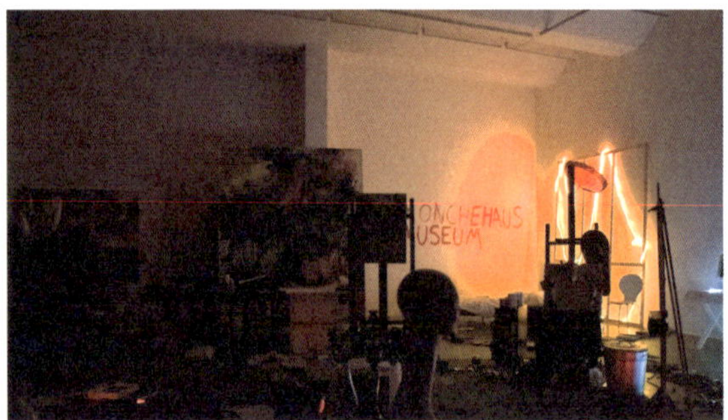

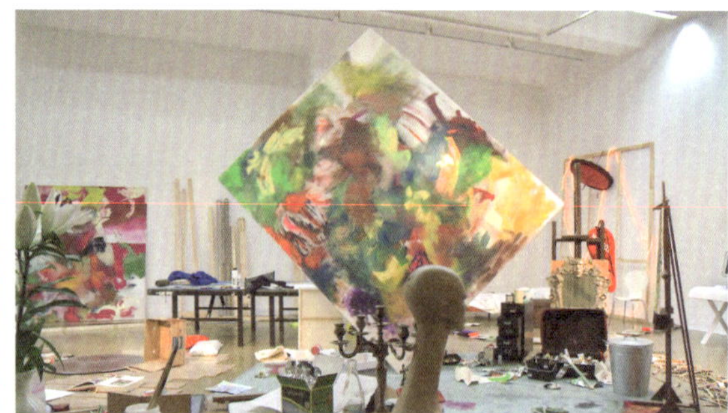

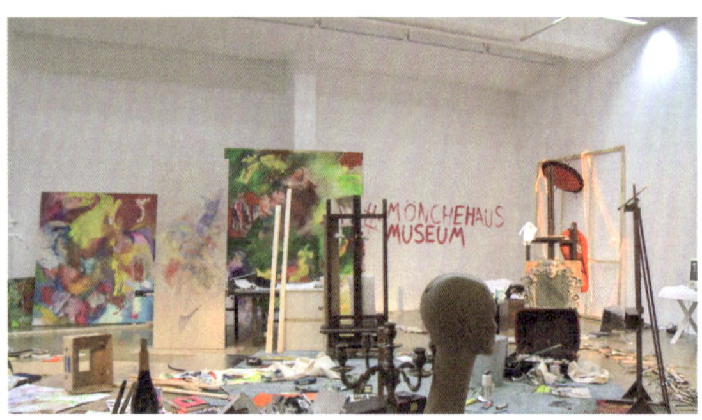

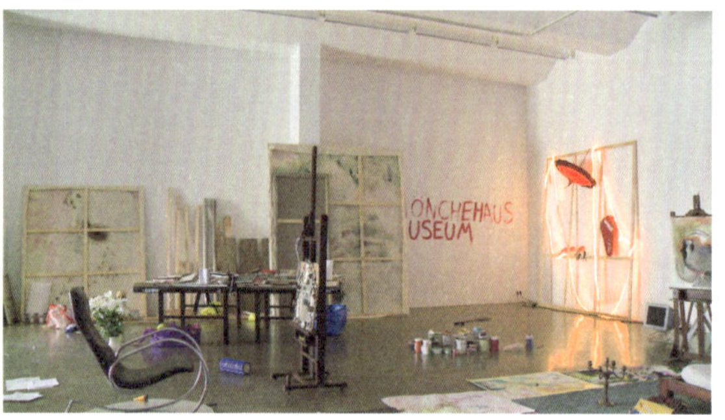

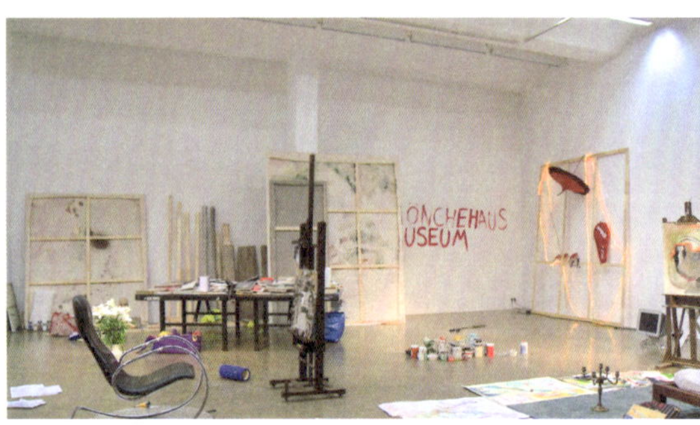

www.arturbating.com
Einzug in die Räume der Sexauer Gallery, Berlin 2020
Moving into Sexauer Gallery, Berlin 2020

Statement

Mein Ziel ist es, das Digitalisierte, das Seiende sowie postdigital Seiende zu untersuchen. Dazu erzeuge ich eine Sphäre von Interrealismen in einer museal anmutenden Raumzeit. In der von interrealistischen Kräften durchfluteten Sphäre wird mein Kunst schöpfender Körper als Avatar neue Erkenntnisse über die Wirkungsweisen interrealistischer Formationen sammeln.

Diese Premiere der ersten interrealistischen Ausstellung ist niemals endgültig. Das würde dem interrealistischen Habitus nicht entsprechen. Im Sinne Walter Benjamins wird sich dem Rezipienten das bildliche Nacheinander [30 Bilder pro Sekunde] einer unendlichen Prozessualität des Wandels als Reflexionsmedium zeigen. Das Ziel ist, jedem Menschen die Möglichkeit zu geben, sofern er denn stabiles WLAN oder ein funktionierendes mobiles Netz [ab 3G] hat, an jedem Zustand einer Ausstellung interrealistischer Kräfte teilnehmen zu können. Jedes Bild dieser 30 Bilder pro Sekunde könnte in seiner Gleichwertigkeit als Installationsansicht einer Ausstellung in der Gagosian Galerie oder dem Centre Pompidou fungieren. Das Totale ist in der Welt des Interrealismus das Flüchtige. Das Unstetige erfährt die Deutungshoheit. In einer interrealistischen Kunstpraxis ist jeder Mensch ein Interrealist und hat somit die Möglichkeit, durch eine lebenserhaltende, soziale Gabe in Form von Nahrung die erste interrealistische Ausstellung *www.arturbating.com* auch haptisch mitzuerzeugen, ganz im Sinne des erweiterten Kunstbegriffs von Joseph Beuys.

In seinem Buch *The Overview Effect: Space Exploration and Human Evolution* beschreibt Frank White aus der Perspektive von Astronauten die sich verändernden Wolkenformationen und die damit einhergehende Flüchtigkeit eines jeden Moments als „Overview Effect“. Von oben gesehen erscheint die Erde als eine grenzenlose, in sich geschlossene Sphäre inmitten des Universums. Für den Naturphilosophen Jochen Kirchhoff sind die Menschen und das Universum seelische Skulpturen. Jede Seele eines Lebewesens ist eine mikrokosmische Analogie zur Weltseele. Der Tanz zwischen Polydimensionen richtet den Blick des Rezipienten auf die Transweltlichkeit menschlicher Existenz.

It is my goal to examine the digital, the being and the post-digital being. To achieve that, I create a sphere of interrealisms in a museum-esque space-time. In this sphere, flooded by interrealist forces, my art-creating body, as an avatar, will gather new insights into the modes of functioning of interrealist formations.

This premiere of the first interrealist exhibition is never final. That would not be in line with the interrealist habitus. In the spirit of Walter Benjamin, the recipient will be shown the pictorial succession [30 images per second] of an infinite processuality of change as a medium of reflection. The goal is to give every person the opportunity – as long as they have a stable Wi-Fi or function mobile network [3G or higher] – to participate in every state of an exhibition of interrealist forces. Every one of these 30 images per second could, in its equivalence, function as an installation view of an exhibition in the Gagosian Gallery or the Centre Pompidou. In the world of interralism the total is the fleeting. The volatile experiences sovereignty of interpretation. In an interrealist artistic practice every person is an interrealist and therefore has the opportunity to help haptically shape the first interrealist exhibition *www.arturbating.com* by making a life-sustaining, social gift in the form of food – quite in the spirit of the expanded understanding of art as voiced by Joseph Beuys.

In his book *The Overview Effect: Space Exploration and Human Evolution*, Frank White describes the changing cloud formations from the perspective of an astronaut and the concomitant fleetingness of every moment as an 'overview effect'. Seen from above, the Earth appears as a borderless, closed off sphere in the midst of the universe. For the natural philosopher Jochen Kirchhoff people and the universe are sculptures of the soul. Every soul of a living being is a microcosmic analogy to the world soul. The dance between poly-dimensions aims the gaze of the recipient at the trans-worldliness of human existence.

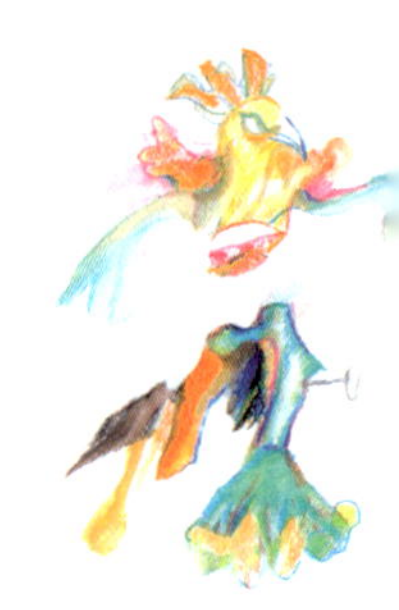

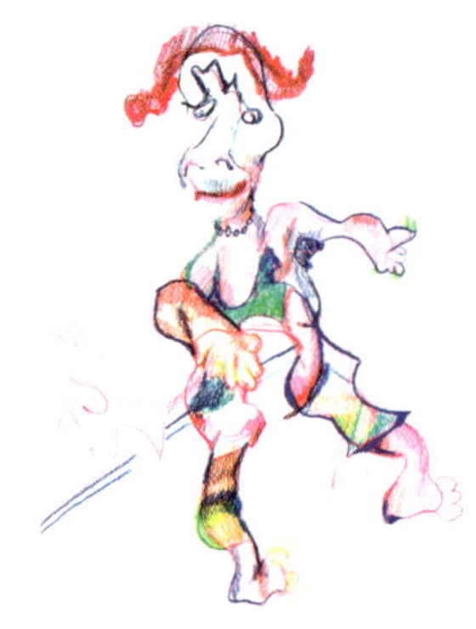

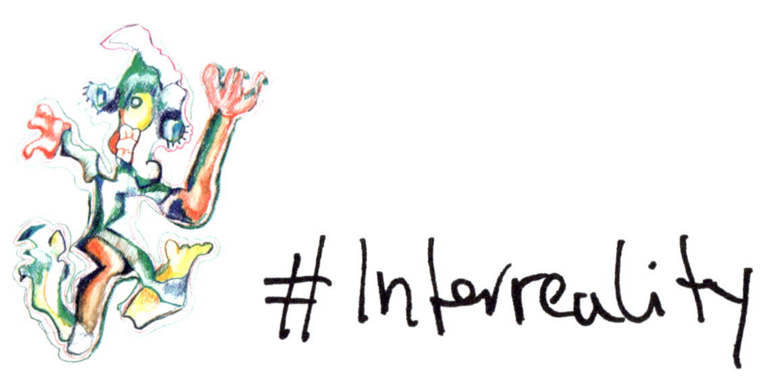
#Interreality

Please bring me some food and drinks. I don't eat animals I would not Kill. So pls bring me vegetables and or fish. Then you become part of the performance

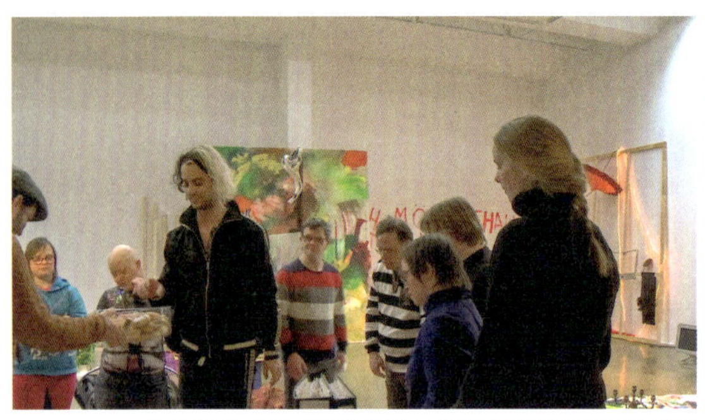
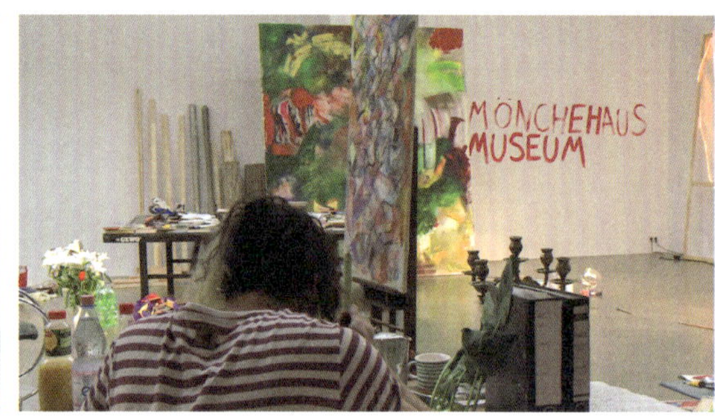
MÖNCHEHAUS
MUSEUM
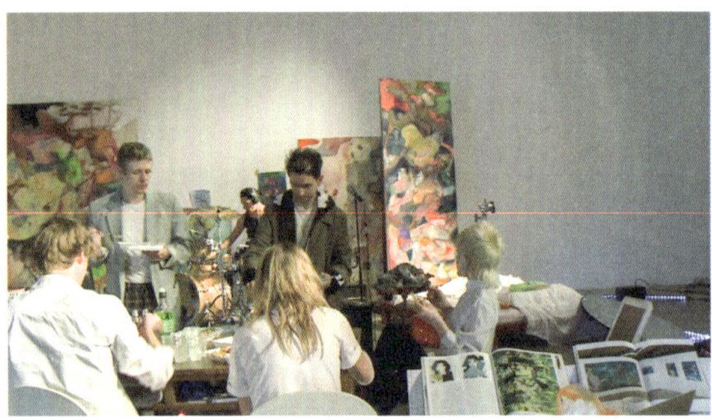
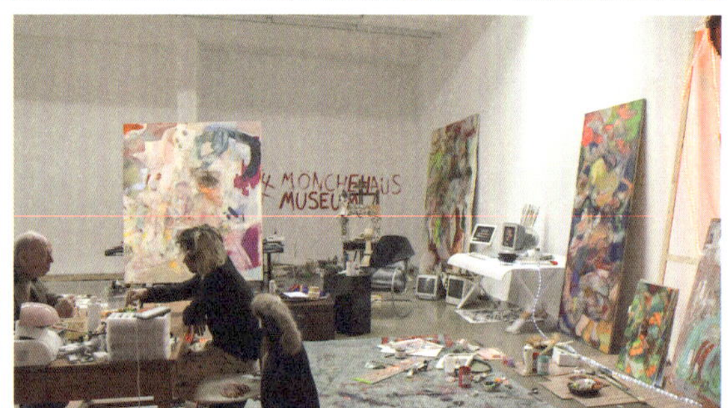
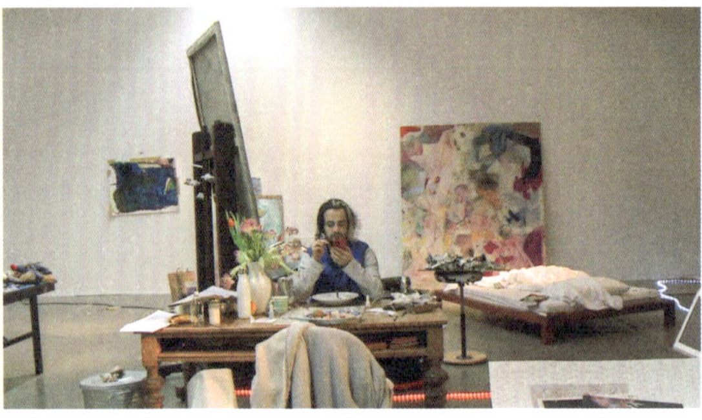
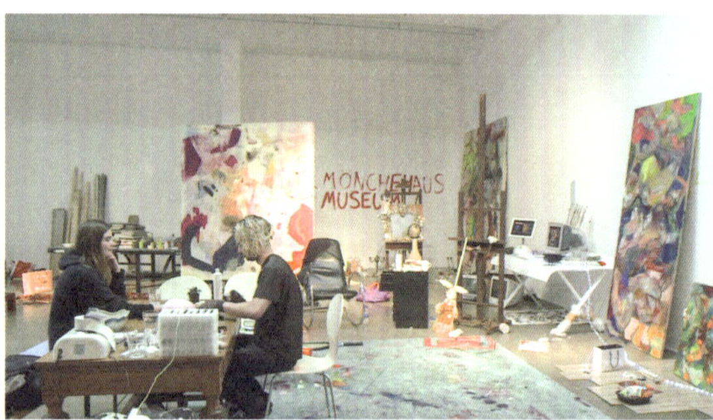
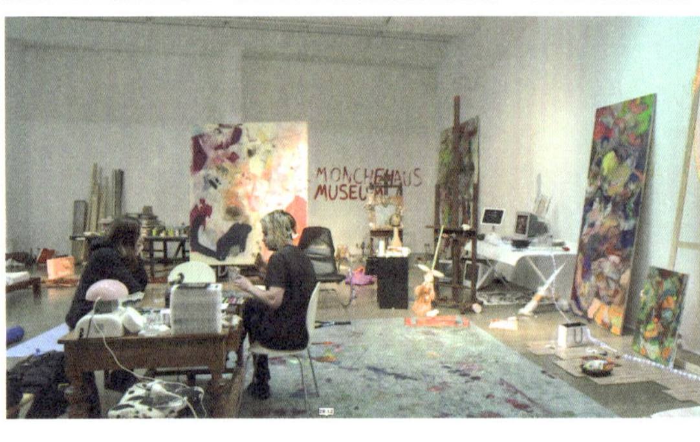
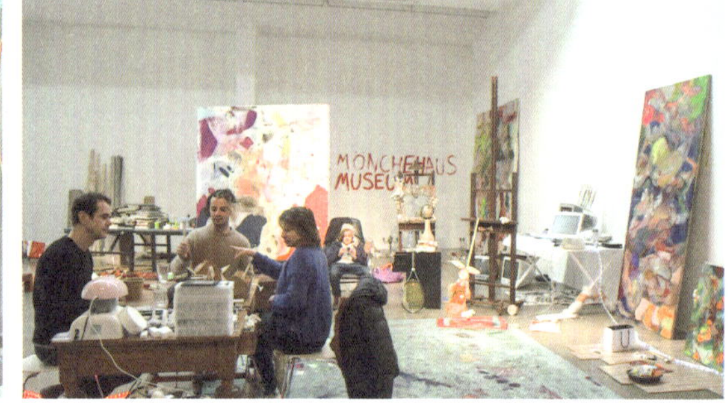

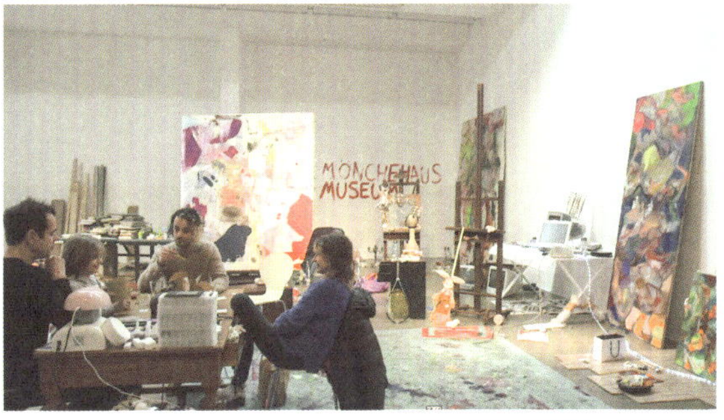
MONCHEHAUS

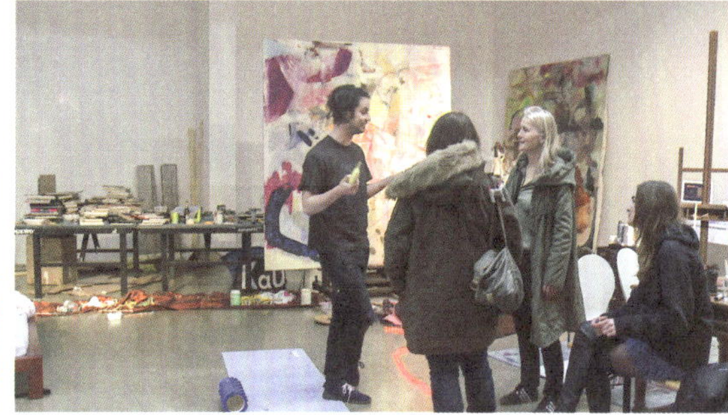

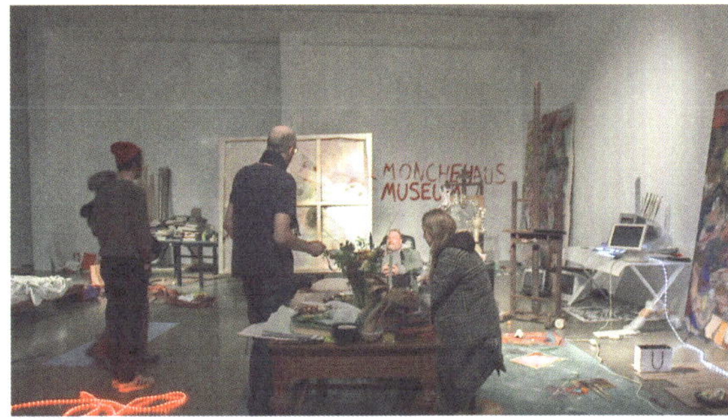
MONCHEHAUS

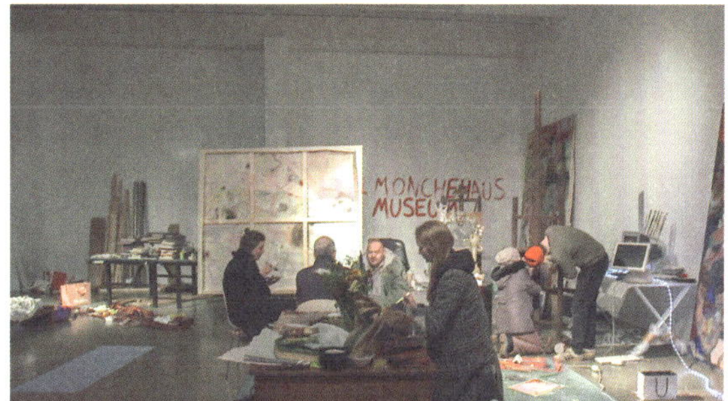
MONCHEHAUS

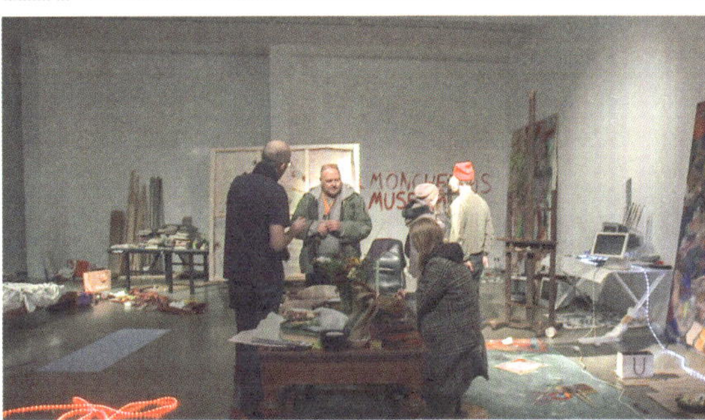

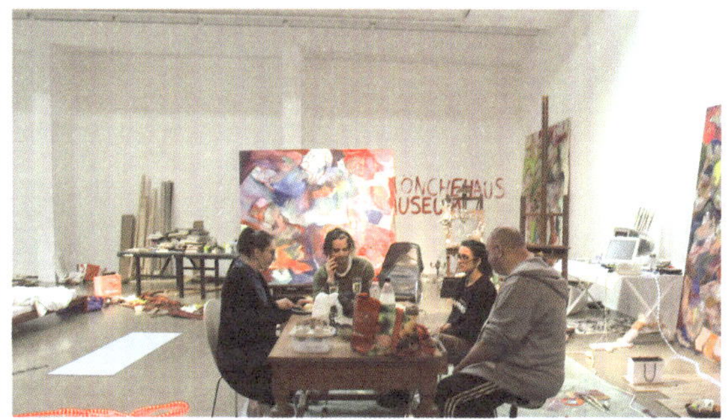

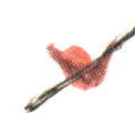 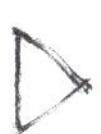 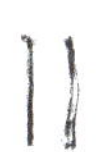 

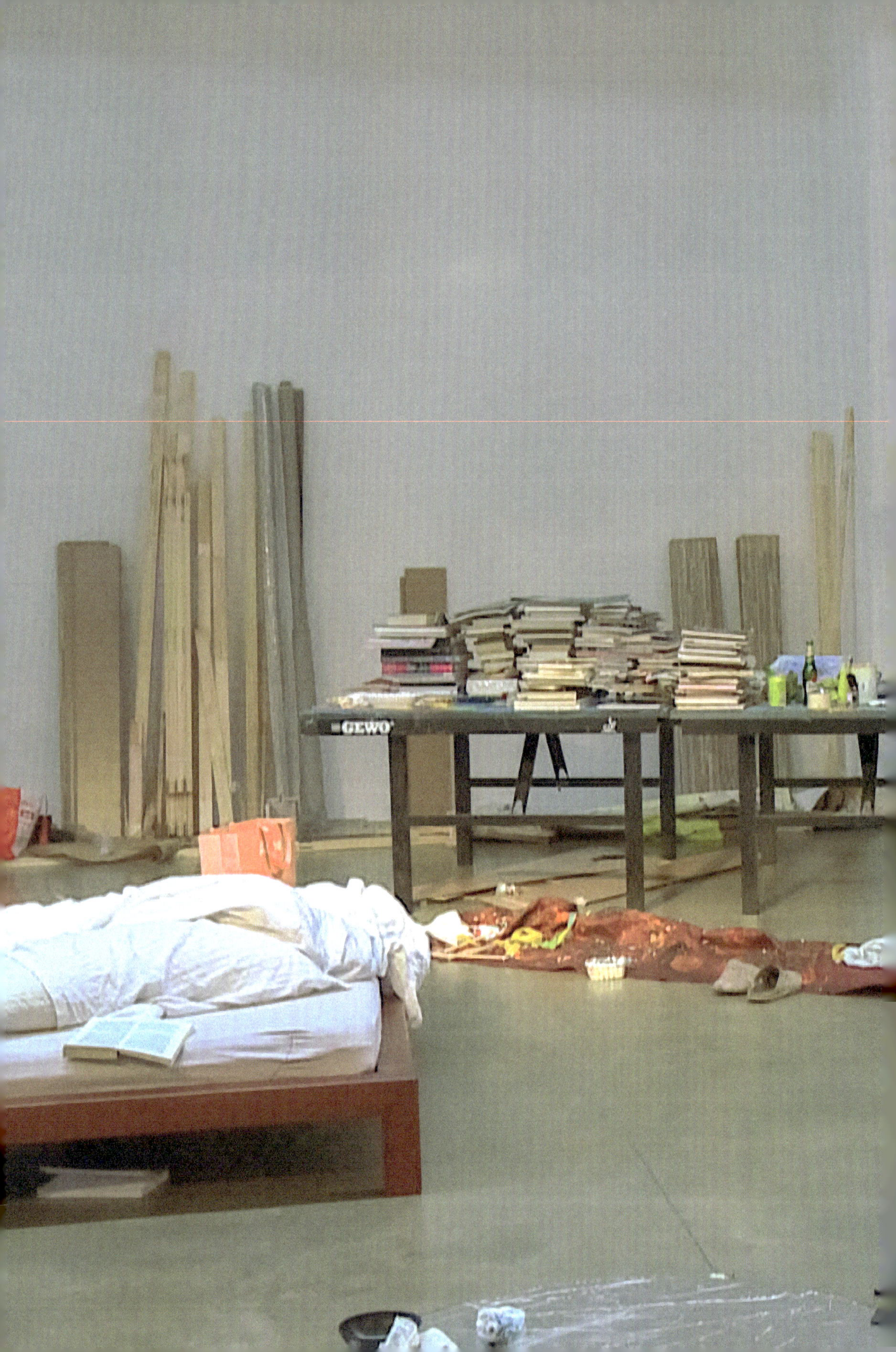
GEWO

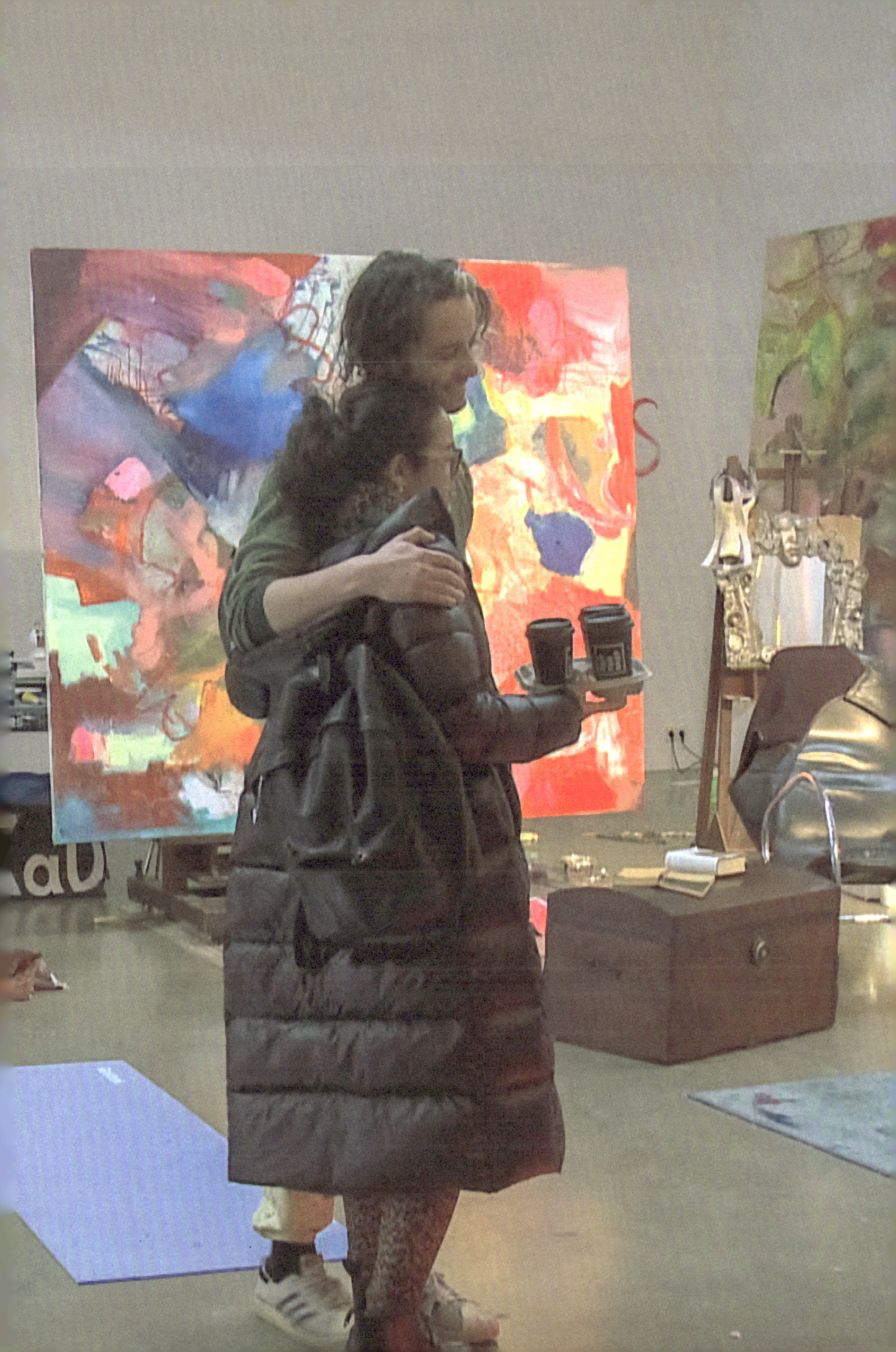

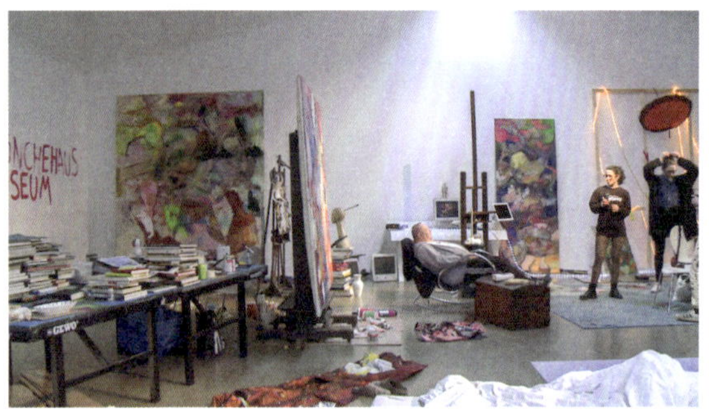

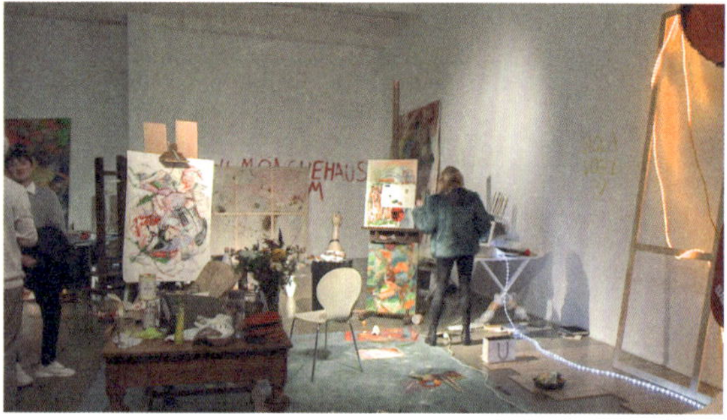

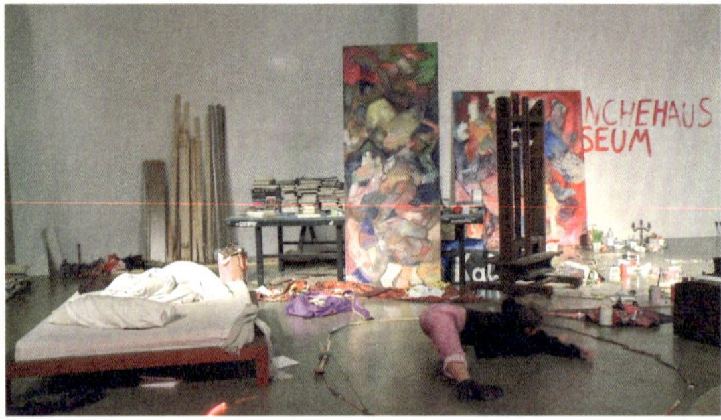

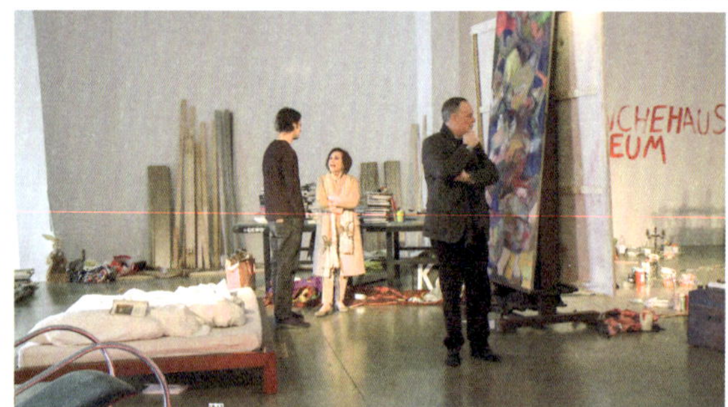

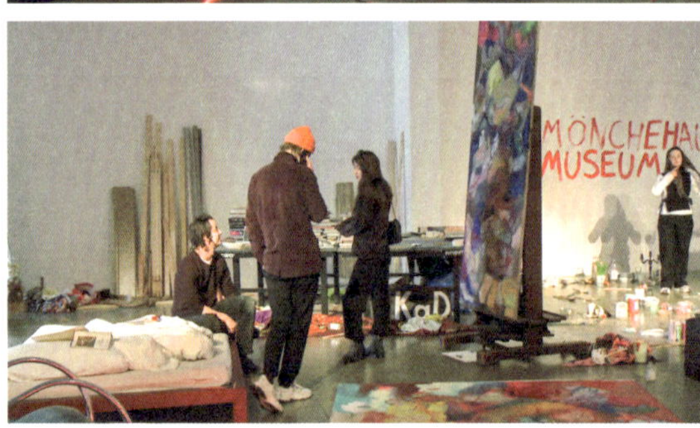

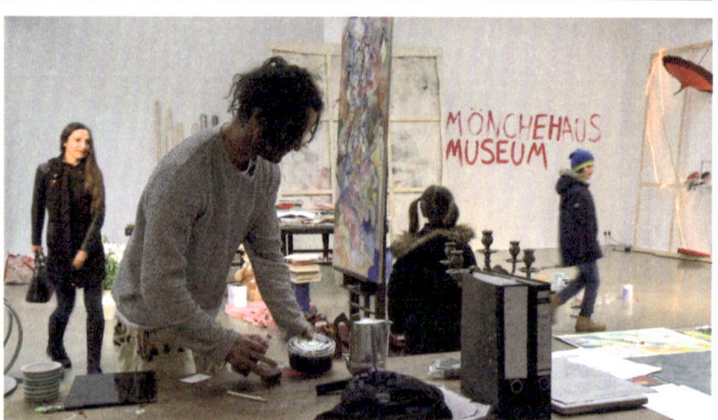

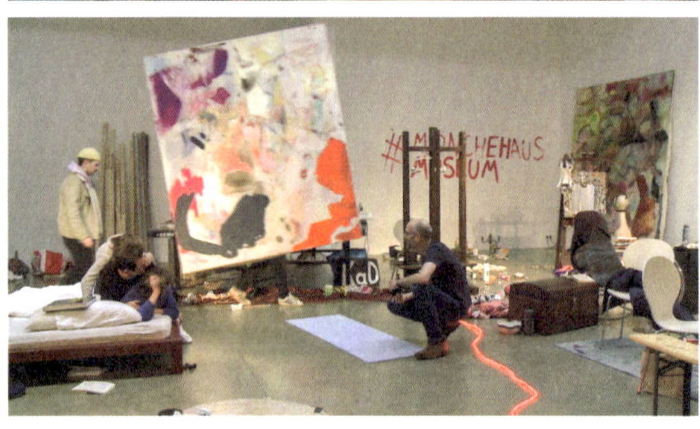

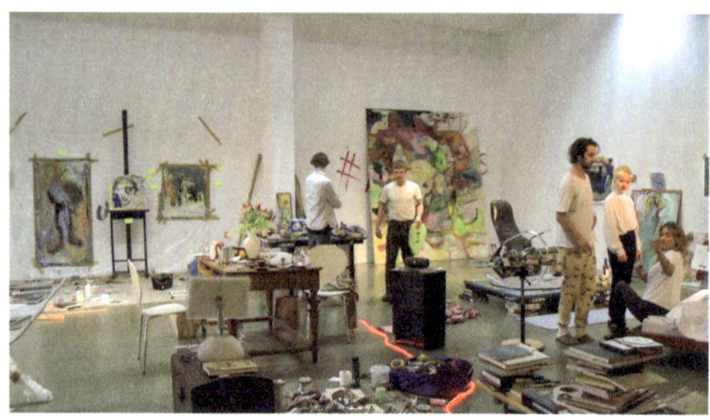

www.arturbating.com
Sexauer Gallery, Berlin 2020

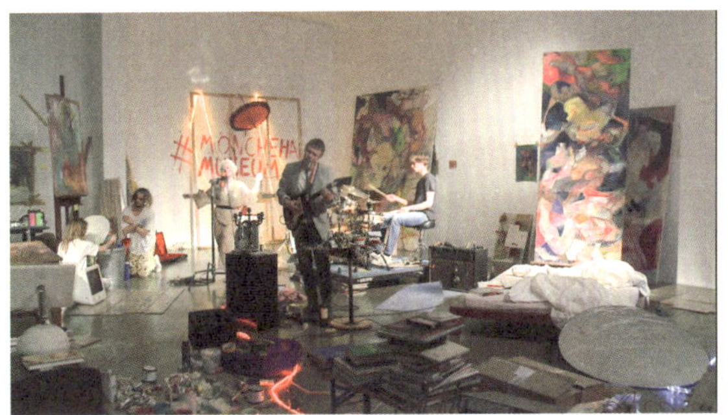

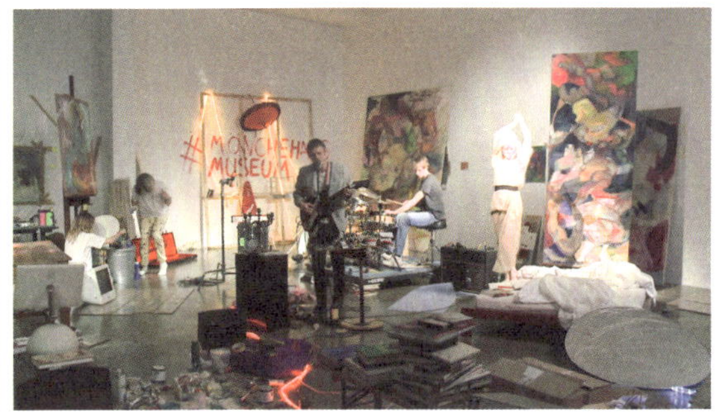

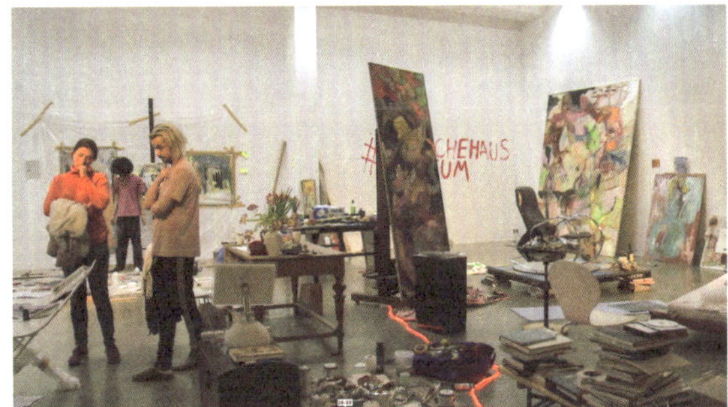
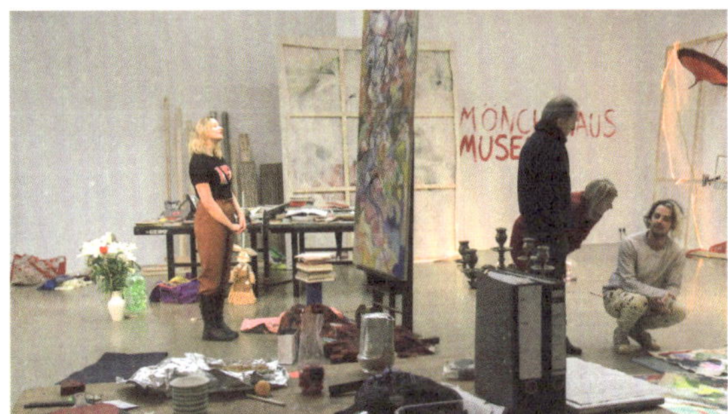
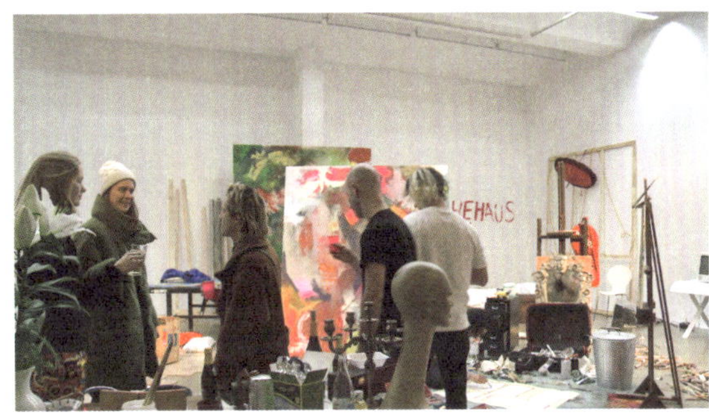
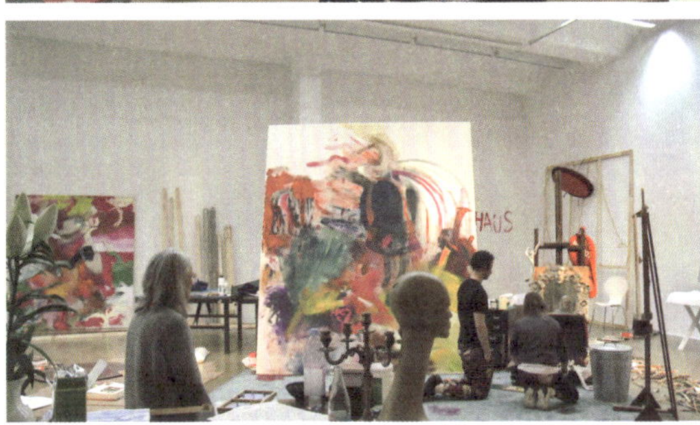

Visiting Hours:
1pm - 5pm
Tuesday - Saturday

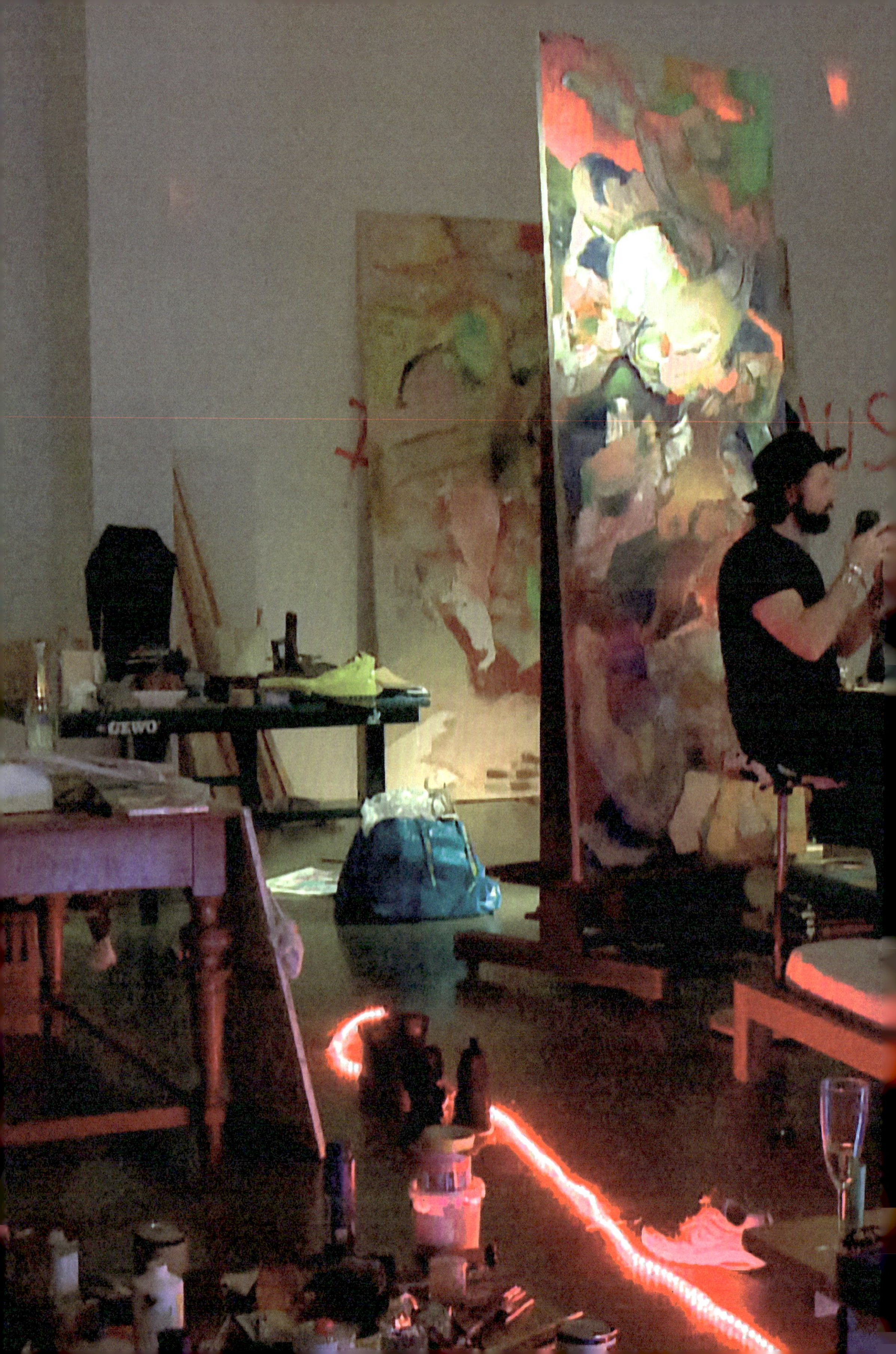

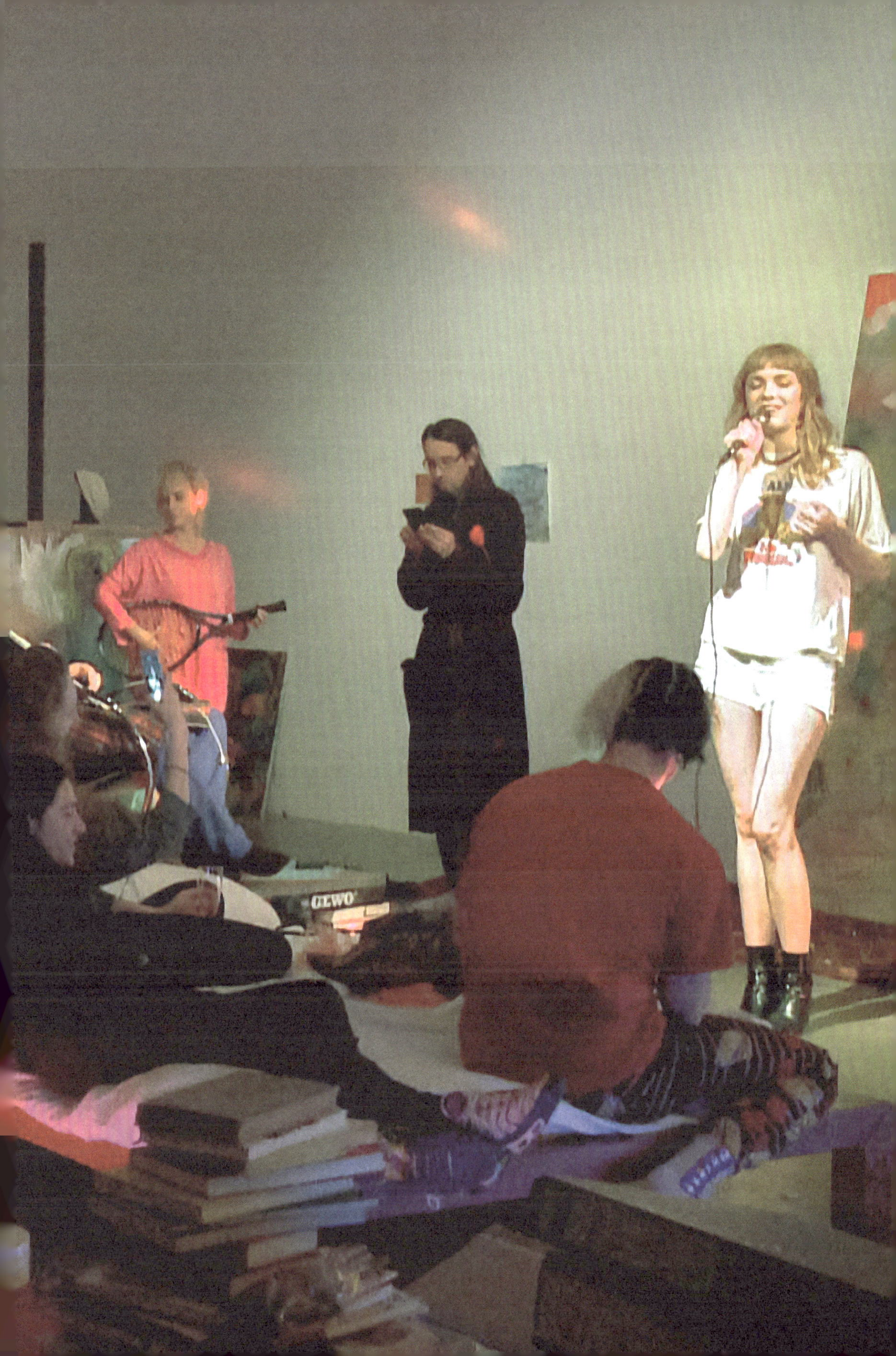

www.arturbating.com
Chatprotokoll
Chat protocol

Datum	Uhrzeit	Name	likes
08.02.2020	18:32:54	Alonso	2
08.02.2020	18:55:10	luis	1
08.02.2020	19:22:02	Luis	2
09.02.2020	12:29:30	Interreality	0
09.02.2020	15:34:56	Miriam	1
09.02.2020	17:23:48	Interreality	2
09.02.2020	17:26:06	Lio	0
09.02.2020	17:29:25	Interreality	0
09.02.2020	17:43:26	Jesper	2
09.02.2020	17:46:16	bp	1
09.02.2020	17:51:40	Interreality	0
09.02.2020	17:53:08	Interreality	0
09.02.2020	20:38:31	Ju	0
10.02.2020	11:03:16	futo	1
10.02.2020	11:59:13	Interreality	1
10.02.2020	12:10:17	futo	1
10.02.2020	13:41:44	Interreality	0
10.02.2020	15:12:02	Marie	0
10.02.2020	15:12:43	Marie	0
10.02.2020	15:26:24	Julia	0
10.02.2020	15:35:00	Mr. Poopiebutthole	0
10.02.2020	17:09:34	Grit	0
10.02.2020	17:10:20	Grit	1
10.02.2020	17:23:25	@julia	0

Nachricht

You don't eat animals... but what are fish???
I sometimes go fishing in Brandenburg.
Open Chat but nobody ist there....
I am here babe

Anybody knows where I put the scissors??
I really don´t.
Already found them. Thanks anyway
Don?t you feel nervous?
No why? It's the same as everyday.
Lieber Alexander freut mich riesig das alles geklappt hat.
Bin großer Fan von Deinem Projekt.
Dir alles Gute und bis danach wieder ...
Lass es mich wissen wenn Du etwas brauchst. LG Jesper
Druschba! sieht gut aus. man kann aber nix hören.
Habs gut dort und mal nicht zu viel
Jesper mein lieber! Morgen wieder im Lande?
Schön, dass Du mal rein schaust.
Bis bald und wenn Du malen willst komm rum
Druschba! Wir sind Stummfilm. Fördert die Fantasien oder?
Ich wünschte zu deinen Klaviertönen zu Pinseln dann schalten
wir auch den Ton an.
Sind Fische keine Tiere?

interesting to see you working! it becomes my motivation.
good luck alex!
@Futo Akiyoshi
Foto Hi to Japan. I still need one of your dot paintings.
Kiss
haha. i will start dot paintings as new series next month.
of course the best one of them is yours :-)
I am hungry!!
Hallo! Wie gehts.
Hast du noch Hunger?
Alex du lenkst mich von meiner Arbeit ab
bin arturbating-süchtig geworden :-)
ASL?
Hallo Alex gerade habe ich von Bert (meinem Mann) von deiner
ungewöhnlichen Performance erfahren und finde es total spannend!
Da wir im Harz wohnen können wir dich nicht mit Nahrung versorgen
Aber gestern haben wir im Mönchehaus abermals von deiner bevor-
stehenden Ausstellung gehört und sind nun umso mehr gespannt darauf
Oh nein!! Oder oh jaa!!!

Datum	Uhrzeit	Name	likes
10.02.2020	17:23:50	@Marie	0
10.02.2020	17:25:54	@Grit	0
10.02.2020	17:28:51	Grit	0
10.02.2020	17:30:40	Grit	1
10.02.2020	17:31:34	Grit	0
10.02.2020	17:39:21	@Grit	0
berg			
10.02.2020	17:39:28	@Grit	0
10.02.2020	17:48:30	Grit	1
11.02.2020	17:47:07	Zardoz de Bronx	0
11.02.2020	17:48:47	@Zardoz de Bronx Interrreality	0
12.02.2020	11:56:20	Bona	0
12.02.2020	12:22:12	@bona	0
12.02.2020	16:41:56	Lena	0
12.02.2020	16:47:54	@Lena	0
12.02.2020	18:00:49	Zorro	0
12.02.2020	18:01:33	@Zorro	0
12.02.2020	18:02:13	Zorro	0
12.02.2020	18:02:48	@Zorro	0
12.02.2020	18:05:50	Zorro	0
12.02.2020	18:49:21	Andreas	0
12.02.2020	22:23:44	@Andreas	0
12.02.2020	22:24:44	@Andreas	0
13.02.2020	13:01:44	Hydra	0
13.02.2020	13:47:11	Uli Seibert	1

Nachricht

Die Suppe war fantastisch!! Danke
Liebe Grit so eine gute Harzer Kartoffel wäre doch mal super.
Ich freue mich auch auf die Ausstellung. Es wird bestimmt toll.
Hast Du Ideen für die Bilder?
Die Kartoffel kriegst du im Mai. :-)
Idee für die Bilder? Warst du in letzter Zeit mal im Harz?
Der Wald sieht schlimm aus! Borkenkäfer Trockenheit?
Nichts ist mehr so wie es war.
Mich erschreckt es jedes mal und beschäftigt mich
Vielleicht kannst du darauf eingehen? Interrealistisch.
Ja ich versuche es. War nur kurz im Museum und gehe oft am Stein-

spazieren da wo der schöne Teich mit den Enten ist.
Das nächste Mal mache ich eine Wanderung.
Ich werde aber schon jetzt
Darauf eingehen.
Mein Tipp: fahr wirklich in den Oberharz oder wandere zum Brocken.
Dann siehst und spürst du die Veränderungen am meisten

Whassup MA G's?
Fangoria Baby!

Würde foodora Essen ins Studio liefern dürfen?
Ja magst du mir was bestellen?
wovon träumst du Alex?
Ich schlafe sehr tief. Wenn ich träume dann träume ich vom
Dschungel von Königen und vom alten Testament.
Can you draw some yellow on the right corner of the pencil drawing?
Why yellow?
Well I think it's nice
Alright. I will do it.
Yeah way better. Thanks
Wie beziehst Du das Licht in Deine Malerei ein?
Welche Bedeutung hat es für Dich ?
Ich passe mich eher den Lichtsituationen an; da ich seit einigen
Jahren kein festes Atelier habe und die Lichtverhältnisse sich
ständig ändern. In Nairobi habe ich hauptsächlich draussen gemalt.
Auf dem Schloss in Beesenstedt habe ich in einer Kammer gemalt und
jetzt habe ich Galerielicht. Man sammelt natürlich Erfahrungen
aber der Fokus liegt auf der Vorstellung.

Woran arbeitest Du gerade?
Hallo ich schau dir gerne zu zusammen mit Anna wir trinken einen

Datum	Uhrzeit	Name	likes
13.02.2020	16:31:12	Hydra	0
13.02.2020	16:31:12	@Hydra	0
13.02.2020	16:32:29	@Master Uli Seibert	0
13.02.2020	16:42:15	Hydra	0
13.02.2020	17:25:20	Johanna	0
13.02.2020	17:50:26	@Hydra	1
13.02.2020	17:50:48	@Johanna	0
13.02.2020	23:26:03	Christian	0
14.02.2020	17:51:50	@Christian	0
14.02.2020	19:16:41	Viola	3
14.02.2020	23:44:10	@Viola	2
15.02.2020	13:55:09	Emma	0
15.02.2020	14:36:48	@emma	0
16.02.2020	10:48:27	J	0
16.02.2020	10:54:56	@J	0
16.02.2020	11:41:12	ohne Namen	0
17.02.2020	15:55:16	Lea	1
17.02.2020	16:35:40	@Lea	0
17.02.2020	18:50:49	Liza	0
17.02.2020	18:53:18	ohne Namen	1
17.02.2020	18:53:43	Liza	1
17.02.2020	19:22:47	Interreality	0
17.02.2020	20:45:43	Annuschka	0
17.02.2020	20:50:55	Annuschka	1
18.02.2020	16:40:48	Carine	1
18.02.2020	16:41:44	Carine	1
18.02.2020	18:03:17	@Carine	0
18.02.2020	21:51:16	Armin	0
18.02.2020	21:56:17	@Armin	0

Kaffee und sei fleißig das ist doch super aus und vielleicht komme ich mal vorbei und bring dir ein paar alte Brotscheiben
Gerade arbeite ich an einem Tanz der Polydimensionen.
An der Verschmelzung fantastischer Wesen in Form eines 20er Jahre Tangos. Oder sowas Ähnliches.
Gerade arbeite ich an einem Tanz der Polydimensionen.
Meister Uli ich wünsche mir eine Seezunge und etwas Warmes.
Freue mich auf Dich und dein goldenes iPad.
Kannst du selbst auch Tango tanzen?
Guten Apetit!
In meinen Träumen tanze ich Tango mit Dir Hydra.
Dankeschön !
Schlaf gut ?

Schlafen ist was für Spießer ?
Es ist zu schön dass es dich gibt!
Shout out to Viola!!!

Can I come paint with you today?
You can come.. I don't know if you can paint with me on the same paintings yet but sure you can come by. Bring the sun with you

Fische sind Tiere
Ja ich weiß. Aber ich war schon mal angeln und hab schon mal ein Fisch getötet. Möge der Fisch ruhen im Himmel.
Lese mal genauer was im Text steht. ?
Dann macht es natürlich Sinn.

Watching from Greece. Love this !
Komm vorbei die Woche. Wir malen zu deinen Tänzen..
Hi ! ?? ??????
Hi ! Bist du wach ? Möchtest du Suppe?))
We?re 10 seconds away
Jaaa bin da.
? ???? ??????????? ?????? ? ???-?????? ???????????. ????? ????? ?))
Dein Chat ist ausländerfeindlich und löscht mein Kyrillisch))

Nap time this is adorable
Nickerchen Zeit bezaubernd!
Tired painter.
Fehlt Dir das Kraftsportpacket?
Kannst Du mir das Kultur Kraft Institut hier her liefern?
Mit Dir als Sparringspartner?

Datum	Uhrzeit	Name	likes
19.02.2020	16:37:19	HYDRA	0
19.02.2020	16:40:12	@Hydra	0
19.02.2020	17:22:52	Super Steve	1
19.02.2020	17:28:14	weltraumfred	1
19.02.2020	17:28:45	@Super Steve	1
19.02.2020	17:29:41	@Weltraumfred	0
19.02.2020	17:30:50	weltraumfred	1
19.02.2020	17:32:05	@weltraumfred	0
19.02.2020	17:32:58	weltraumfred	0
19.02.2020	17:35:54	weltraumfred	0
19.02.2020	18:54:45	daniel	0
19.02.2020	19:29:10	@Daniel	0
19.02.2020	21:25:50	MisterBlister	0
19.02.2020	21:40:51	@MisterBlister	0
20.02.2020	09:18:42	Tom	2
20.02.2020	13:43:48	Tom	0
20.02.2020	14:22:31	@Tom	2
20.02.2020	17:46:05	X	0
20.02.2020	19:20:33	@X	0
21.02.2020	17:50:23	Bill	0
21.02.2020	19:35:55	@Bill	0
22.02.2020	10:45:38	Wieland	2
22.02.2020	18:26:40	Fränk	1
22.02.2020	19:19:05	@Fränk	1
23.02.2020	16:33:06	Fränk	0
24.02.2020	18:11:47	Grit	0
24.02.2020	18:12:34	Grit	0
24.02.2020	18:13:21	Grit	0
24.02.2020	18:13:52	Grit	0
24.02.2020	18:14:19	@Grit	0

Nachricht

ich sehe ein Bett nächtigst Du in der Galerie?
Es bietet sich an.
was machst Du?
Wann ist deine Ausstellung in der Tate?
Yo Steve. Super Steve ist wie ein Übermensch. Love it. Ich male und lenk mich etwas mit dem Handy ab. Es geht um Prozesse Mutationen.
Wenn Du mir endlich was zu essen bringst. Hier im Space Shuttle gibt's nur Farben Nahrung und das ist nicht genügsam
ACNE. KaDeWe ....stylish sponsors Die Fressabteilung liefert auch.
Ja ich danke. Ich sammle Luxustüten.
wenn ihr jetzt HUCKEPACK macht werde ich dein Jünger.
PIGGYBACK
i hung your paintings in vienna.
Hi Daniel!!
Nächstes Mal bin ich dran!!
Is there sound?
The sound is in your mind should be dreamy. Like a mute movie.
We do sound at special events. This feature will be presented in the live stream soon.

Up up and beyond?
13 people are just watching an artist take a nap.
This is the future and the content I came here for ?
In dreams I walk with you.
Love the Site and Projekt ?
Thank you!!

More neon!
Why?

Wo bist du künstler
Guten morgen ..mein Lieblings Kontingent Flüchtling ..
will dich morgen mal besuchen .. am späten Nachmittag..
Ich freue mich sehr auf Dich. Bring mir ne Schnitte mit.

Schaffe es heute nicht ... verzeih ..

Hallo Alex schön dich bei der Arbeit zu sehen.
Malst du an mehreren Bildern gleichzeitig?
Malst du gleichzeitig an mehreren Bildern?
Sorry doppelt gesendet
Eigentlich ja aber ein Bild ist immer König.

Datum	Uhrzeit	Name	likes
24.02.2020	18:14:24	Fränk	0
24.02.2020	18:15:02	@Fränk	0
24.02.2020	18:17:39	Grit	0
26.02.2020	20:39:33	Bona	0
26.02.2020	20:53:46	@Bona	0
26.02.2020	21:59:31	Iskin	0
28.02.2020	17:12:17	Angelika	1
29.02.2020	11:20:00	futo	2
29.02.2020	11:24:15	@Angelika	0
29.02.2020	12:14:01	@Futo	5
29.02.2020	12:51:44	Bona	2
29.02.2020	12:59:21	futo	3
29.02.2020	13:04:40	@Bona	2
29.02.2020	13:05:15	@futo	4
01.03.2020	12:15:49	pauline	3
01.03.2020	12:24:13	@Pauline	3
01.03.2020	15:42:43	Intereality	3
01.03.2020	19:30:33	Bona	1
01.03.2020	19:37:15	@Bona	1
01.03.2020	19:47:46	@Futo	4
02.03.2020	23:42:32	futo	1
05.03.2020	10:05:55	Jun	5
05.03.2020	11:15:24	@Jun	6
08.03.2020	15:21:01	Druschba	0
08.03.2020	16:14:27	@SpäterKandinsky	0

Nachricht

Schön dass Du reingeschaltet hast.
Hallo alexander .. wie lang ..
wird diese Performance noch andauern??
Mein Lieber noch 4 Wochen. Auch ohne Schnitte.
Wir sind gespannt wie die Bilder im Mönchehaus wirken und
"in echt" aussehen.

Wie viele Bilder wirst du malen?
Es werden 4 Bilder werden.
Good night!

Hi Alexander
meine Korrektur: Marlene Dietrich hat im "Blauen Engel"
zuerst mitgespielt in Weißensee gedreht.
Und ein Tipp zur Staffelei: versuche es mit einer Zange.
Nach vorn (zu sich) ziehen.

???????!
Liebe Angelika danke für deinen inspirierenden Besuch und für
die Information. Ich muss mir den blauen Engel nun unbedingt
anschauen. Vlt male ich auch einen. Herzlich Alexander
!!!!!
do you do shellac or gel nails?
I tried to write "great" in russian but it did not work
on this chat :-(
I do both but I need some glue and tweezers to do shellac..
Futo u are so charming. But I have red great. Thank you so much.

????. ich kann dich sehen und du mich nicht. merkwürdig...
Soll ich dich jetzt besuchen kommen oder heute abend abholen?
Ich schlafe hier. Aber komm gerne vorbei auf das Erkunden
interrealistischer Formationen.
Sorry we got some problems with the server. Back in a few
Inspirez-vous les jeunes femmes?
m'inspire la vie sous toutes ses facettes
Hey Futo is there any meaning in Japanese :O mo mu ne nu wo?
hi Alex. i have never heard the sentens? or words? in japanese..
where did you find it?
Are you getting any sunlight each day?
The gallery light is brighter than 1000 suns.
Der späte Kandinski ist im Leuchtgrün ersoffen.... #
Gluk Gluk Gluk.
Glück Glück Glück.

Datum	Uhrzeit	Name	likes
09.03.2020	18:03:12	Birgit	1
09.03.2020	19:13:54	@Birgit	0
09.03.2020	19:14:31	@Birgit	1
10.03.2020	16:24:24	armchair guy	1
10.03.2020	16:54:38	Nisa	1
10.03.2020	16:55:09	Nisa	1
10.03.2020	18:29:48	@Nisa	1
11.03.2020	18:44:51	Kurt und Petts	0
11.03.2020	18:46:32	@Kurt und Petts	0
11.03.2020	21:25:08	Vio	1
12.03.2020	17:57:50	R	2
12.03.2020	18:17:19	@R	5
13.03.2020	12:08:55	Markus	1
13.03.2020	12:23:15	@Markus	0
13.03.2020	17:29:25	Birte	1
13.03.2020	18:03:15	@Birte	1
16.03.2020	16:34:31	Bona	1
16.03.2020	16:35:32	@Bona	4
17.03.2020	14:50:28	mimi	1
17.03.2020	14:52:47	@mimi	0
17.03.2020	18:22:38	ni	0
17.03.2020	18:29:14	@ni	0
17.03.2020	18:32:33	nini	1
17.03.2020	18:54:55	Robin	1
17.03.2020	19:36:20	Rindn	2
17.03.2020	19:50:12	Quincy Cojones	1
17.03.2020	19:59:57	beur	0
17.03.2020	20:05:40	Julian	1

Nachricht

Du bist gekommen aber ein Bisschen zu spät.
Hi Alexander how was your day? Did anyone bring food today?
What are your plans for the evening will you continue painting?
Many greetings Birgit
Hi Birgit
my day was pretty much in thoughts. Working on the big one right now.
I am getting closer to being happy with this one.
I stay here and I got some food from yesterday.

hey :))
Where can I buy one of them??
Or do you also work on commissions??
Hey. I don't do commission works. You can by the paintings
through the chat or through the gallery.
Like toll see you
Yaay
IHR seid so spitze!

Why dont you consider fish as animals?
Writing about killing sounds hypocratic
I do consider Fish as animals. Please read the text carefully.
I go fishing and I have already killed a fish so I know the
feeling and I have the respect how it feels..
Viele Grüße!!
Back..
Are you sleeping?
Yes took a nap..

How are you feeling today?
I am okay. Getting a little hungry but a friend brings some food
in a few. Crazy times.

hugs n love
Get well. Stay safe big kiss
do you worry?
Sure I do.
what do you dream of?
Stay safe everyone!
Stay save..hugs and love!!!
Great to be here
most of the time your sound is not on...and when its on -
its not loud enough!!!
Nice show!

Datum	Uhrzeit	Name	likes
17.03.2020	20:14:38	Michael	0
17.03.2020	20:16:17	Jascha	1
17.03.2020	20:16:46	Jascha	0
17.03.2020	20:17:33	Polly	2
18.03.2020	08:47:39	Bendyt	0
18.03.2020	09:29:00	@bendyt	0
18.03.2020	09:51:00	Bendyt	0
18.03.2020	10:39:54	@	0
18.03.2020	11:00:31	Bendyt	1
18.03.2020	11:41:34	Bill	0
18.03.2020	12:02:04	@Bill	1
18.03.2020	12:43:36	BarbaraAnn	0
18.03.2020	12:53:04	@BarbaraAnn	0
18.03.2020	14:52:45	BarbaraAnn	0
18.03.2020	15:01:24	@BarbaraAnn	0
18.03.2020	15:02:56	@BarbaraAnn	1
18.03.2020	15:04:28	@BarbaraAnn	0
18.03.2020	16:56:14	Interreality	1
18.03.2020	17:02:16	Interreality	0
18.03.2020	17:08:31	Timo	0
18.03.2020	17:09:22	G	0

Nachricht

hi
Achim ein Klassiker
Achim=Schon
Great show I love it!!

Fishes are also animals.....just saying
Read the text carefully. I go fishing so I know how it feels to catch a fish. I got the feeling respect.
I read the text carefully .... otherwise I would not have written a comment.....just wrote that fishes are also animals?
I don't eat animals I would not kill=
I don't eat cows pigs chickens... But fishes, because I go fishing.
I think it's important before you eat meat to understand what you have done.
Understood
Finally some action in the chat.
Wishing you a great Wednesday!
Thank you. Likewise. But there was action
the Arturbating chat team just cleared it every day.
Do you think it's better if we leave it?
What are you reading?
I am reading: was die Erde will by the nature philosopher Jochen Kirchhoff who is one of the muses for this performance.
What does your performance has to do with what the earth needs?
I am working on fusing the digital world with the analogue world. It could open many doors. Imagine live streams coming from little towns in east Germany. People painting urbanising little towns and Still being connected world wide. New doors could be opened.
Perma culture dying out of towns in east Germany.
It can achieve many positive Vibes.
Internet of strangers instead of internet of friend
The first idea of internet was not the bubbly internet world there was no tracking bno commerzialising of the daily actions. It was made by hippies who wanted to connects the whole world in a positive sense. I just think about how we could use Internet with new formats to bring people together again. To use it as a tool to make the haptical world more exciting and healthy.
Chat is opened.
I would be so thankful if you tell me ur story about ur day. Unfortunately I have no visitors anymore. And I need some input.
Hi Alexander how are you? I peeped in a few days ago.
I am sitting here at home watching Netflix.
Whassup? How?s painting?

Datum	Uhrzeit	Name	likes
18.03.2020	17:11:01	@Timo	0
18.03.2020	17:11:17	@G	0
18.03.2020	17:13:29	Lydia	0
18.03.2020	17:15:12	@Lydia	0
18.03.2020	17:25:01	Interreality	0
18.03.2020	17:31:14	Alex	0
18.03.2020	17:34:34	@Alex	0
18.03.2020	17:37:10	@Alex	0
18.03.2020	17:38:16	@Alex	0
18.03.2020	17:40:55	@Alex	0
18.03.2020	17:41:00	@Alex	0
18.03.2020	17:41:44	@Alex	0
18.03.2020	17:45:53	Bill	0
18.03.2020	17:48:41	Inez	0
18.03.2020	17:50:51	@Inez	1
18.03.2020	17:51:19	@Bill	1
18.03.2020	17:55:37	Inez	0
18.03.2020	17:57:15	Inez	0
18.03.2020	18:10:48	pigairus	0
18.03.2020	18:11:47	@Pigairus	0
18.03.2020	18:13:05	Alex	0
18.03.2020	18:14:05	@Alex	0
18.03.2020	18:20:02	Alex	0
18.03.2020	18:20:11	Alex	0
18.03.2020	18:24:56	Alex	0

Nachricht

I am good started a new piece today.
Yesterday was crazy so I am a little tired. What are u watching?
Yoyoyo
I am scared!!!
Hey don?t be scared. If u are patient and you stay at home it?s
all be okay. It?s just a few weeks. Thin about something positive.
https://goetheanum.co/de/nachrichten/das-coronavirus
Wo ist der Verweis auf das Werk von Beuys?
Zum Einen im Prozessualen sprich die Ausstellung nicht als
statisches Konstrukt sondern jegliche Bewegung Veränderung des
Raums Interaktion als Ausstellung zu definieren. (Fettskulptur)
Dann die Einbindung der Zuschauer/Besucher in die Ausstellung
sie können den Ausstellungsraum mitgestalten auch mitmalen.
Sie werden selber zu Künstler und zur Ausstellung selber.
Jetzt hauptsächlich durch die Chat Funktion aber vorher durch
die lebenserhaltende Gabe in Form von Nahrung.
Die Ausstellung im Museum wo diese Arbeit hingeführt wird heißt:
Die Ursache liegt in der Zukunft. Hier ein Zitat von Beuys
das einen sehr aktuellen Bezug zur Krise hat.
Es muss etwas ins Blickfeld kommen bevor es da ist.
Das nenne ich aus der Zukunft heraus bewegt sich etwas.
Da gibt?s auch eine Ursache aber die Ursache liegt
in der Zukunft und logischerweise ist
die Wirkung in der Gegenwart eher da
als die Ursache in der Zukunft zu finden ist.
Joseph Beuys
Leave it it is an interesting aspect.. also to see if there is
any change now that the public is robbed of the opportunity to visit.
The thread today.. highly entertaining.
Hat schon jemand gesagt dass Fische auch Tiere sind? :-D
Ja! Um 10:39 Uhr gab es eine Antwort darauf. :)
Just texted Andy. He will leave it. Thank you for feedback.
Arme Fischlis. :'-(
Jaa ich weiß.
lalalaaaaaaaaaa
I am flying.
Ist das Beuys Zitat der Ausgangspunkt für den Titel
und Thema der Austellung?
Genauso ist das gedacht gewesen.
Interessant! In welchem Zusammenhang hat er das gesagt?
Armen Avanessians Akzelerationismus könnte dich auch interessieren.
Ich finde deine Arbeit im übrigen ohne das Ergebnis zu kennen
bereits jetzt in der Gegenwart sehr nahrhaft und in der Wirkung

Datum	Uhrzeit	Name	likes
18.03.2020	18:25:57	@Alex	0
18.03.2020	18:30:04	@Alex	0
18.03.2020	18:30:19	@Alex	0
18.03.2020	18:34:30	Alex	0
18.03.2020	18:35:40	Alex	0
18.03.2020	18:41:30	@Alex	1
18.03.2020	18:43:34	Alex	2
19.03.2020	12:52:12	Jun	0
19.03.2020	12:57:22	@Jun	2
19.03.2020	13:00:10	Jun	0
19.03.2020	13:10:35	@Jun	3
19.03.2020	15:17:30	Sebastian	0
19.03.2020	15:18:40	Tilman	1
19.03.2020	15:25:21	Daniel	0
19.03.2020	15:51:43	@Sebastian	0
19.03.2020	15:53:30	@Tilman	0
19.03.2020	18:33:17	Grit	0
19.03.2020	18:38:22	@Grit	0
19.03.2020	18:42:09	ohne Namen	0
19.03.2020	18:49:49	@Grit	0
19.03.2020	18:50:20	@Grit	0
19.03.2020	18:55:00	Grit	0
19.03.2020	18:55:37	Grit	0
19.03.2020	18:55:55	@Grit	0
19.03.2020	18:57:19	Grit	0
19.03.2020	18:58:11	Grit	1
19.03.2020	18:58:58	@Grit	0
19.03.2020	19:01:54	Grit	0

Nachricht

von Nahrung liegt die Ursache im übrigen auch in der Zukunft.
https://www.sciencealert.com/quantum-physics-theory-predicts-future-might-influence-the-past-retrocausality/amp
Ich Weiss nicht mehr genau in welchem Zusammenhang er das gesagt hat. Aber nach diesem Artikel über Quantentheorie ist mir das nochmal in den Sinn gekommen
Danke für den Tipp.
Besser mit Beuys als mit dem Quantum rechnen. Nur beim Betrachten der Sterne schauen wir aus der Gegenwart in die Vergangenheit und Zukunft zugleich.
Was sind so deine Lieblingsfilme?
Ja das ist absolut richtig.
Der Kosmos steht über uns und ist uns Voraus.
Ich liebe Existenz Videodrome von Cronenberg Der grüne Planet von Coline Serreaut und natürlich Babylon Berlin
Danke Dir für deinen Input! Ich schaue morgen wieder rein.
Ein schönen Abend noch!

Hello Alex will the exhibition still close on the 20th? :)
No. I will continue.
You smoke?
Pssst my grandma is watching
DLF
Stay healthy!
https://lichess.org/team/chessboxingclubberlin-cbcb-ev
Come play chess with us!
DLF?
You too!!!
Hallo Alex ein letzter
Hallo Alex ein letzter Blick in dein Atelier.
Morgen schaltest du ab richtig?
Nein ich bleibe noch etwas.
Ah ok. Weil die Ausstellung verschoben wird?
Es wäre momentan falsch die Performance abzubrechen.
Das mit der Verschiebung der Ausstellung weiss ich noch nicht genau.
Nein ich habe das eben nur vermutet.
Und hoffe dass alles so klappt wie es geplant ist
Das ist gut möglich dass sie verschoben wird..
Man wird sehen...
Auf jeden Fall hast du viel geschaffen ich war lange nicht hier
Es wird eine schöne Raum Installation.
Ich fange mal an die Tage den Raum vorzubereiten.
Bin gespannt.

Datum	Uhrzeit	Name	likes
19.03.2020	19:02:21	Grit	1
19.03.2020	19:03:29	@Gri	0
19.03.2020	19:06:47	Grit	0
20.03.2020	15:03:31	ohne Namen	0
20.03.2020	15:07:20	@ohne Namen	1
21.03.2020	15:39:43	futo	1
21.03.2020	16:30:33	ohne Namen	0
21.03.2020	16:49:54	Polly	0
21.03.2020	16:59:10	@Polly	0
21.03.2020	17:00:02	@ohne Namen	1
21.03.2020	17:04:07	Polly	1
21.03.2020	17:10:45	verra	2
21.03.2020	17:14:05	verra	0
21.03.2020	17:20:13	@verra	0
21.03.2020	17:28:26	Pam	0
21.03.2020	17:33:52	@Pam	0
21.03.2020	17:35:46	@Polly	0
21.03.2020	17:36:30	Pam	0
21.03.2020	17:38:04	@Pam	0
21.03.2020	17:40:59	Pam	0
21.03.2020	20:44:25	Flo	0
22.03.2020	18:19:18	Bill	0
22.03.2020	19:35:08	@Bill	0
23.03.2020	14:27:41	Sidney	0
23.03.2020	16:09:01	@Sidney	0
23.03.2020	18:29:25	Sidney	0

Nachricht

Pass auf dich auf und bleib gesund!
Du auch!!!
Danke.

What will you miss more banans or watermelon?
Watermelon. Definitely.
OMG.. Ping Pong table..
What's worse to be heartbroken or to be lonely?
Wo bist du?
Musste kurz an den PC eine Email verschicken. Mein Email Programm auf dem smart Phone hat nicht richtig funktioniert.
Both are terrible. But there is great literature. Books are great friends and you can hang out there with many people.
Ich wäre gerne wieder da
bist du echt?
wenn ja mal mal eine Coronabekämpfungsmaschine oder mal mal ein Cornetto Eis
Ja ich bin echt aber kein Auftragsmaler ?
Can I post your press images on fb - with a link to your amazing live performance?
I think it is the art project of the time - MAJOR CONGRATS! ??
Sure. Thank you so much. Appreciate your reaction!
Das Projekt vermisst Dich auch und ich aaaaaauch.
GREAT - will do! Since I won't be able to bring you a gift to the gallery right now because of Corona... ?? Rock the art gallery??
Yeah unfortunately it's not possible anymore.
But hey after Corona there will be definitely many great parties and I love gifts!!!
Oki doki - let's party later on and celebrate your awesome art performance IRL then! ???
Down with climate change

It seems to only be playing a replay today. Hope everything is ok.
The performance closed yesterday evening. I finished the paintings.
But there will be a new event coming up.
We make some tests tomorrow. Keep u posted.

Intention? Romantisierung der Isolation und Einschränkung der Grundgesetze? Es gibt Menschen die tatsächlich auf die Hilfe von Außen angewiesen sind und du machst das zum Spaß?
Cooler Typ... nicht.
Ich weiß nicht genau was Sie mit Ihrem Kommentar meinen.
Ich meine damit dass diese Selbstinszenierung anmaßend überheblich

Datum	Uhrzeit	Name	likes
23.03.2020	19:02:49	@Sidney	0
01.04.2020	16:45:19	Jo	2
01.04.2020	16:45:58	@Jo	1
02.04.2020	05:27:08	alecto	0

Nachricht

und asozial gegenüber allen Menschen ist die sich in echter Isolation befinden und auf die Hillfe Dritter angewiesen sind.
Mir tun die Menschen sehr leid die in Quarantäne sind und auf die Hilfe Dritter angewiesen sind. Habe auch daran gedacht. Was eine interrealistische Performance jedoch mit dem Virus zu tun hat Verstehe ich immer noch nicht. Ich will in meiner Arbeit das Seiende das Digitale und das Post Digital Seiende untersuchen und forschen. Die Selbstinszenierung ist doch ein Phänomen unserer Zeit.
Kunst hat nicht die Aufgabe schön und korrekt zu sein sondern von einer anderen Ebene zu kommentieren. Das hat sie in dem Fall der Performance getan und ich möchte daran erinnern
Dass die Performance in Zeiten vor dem Virus entstanden ist.
Jetzt sollten wir auf Zusammenhalt aus sein und auf die schnellstmögliche Minderung dieses Viruses.

Hey Alexander wie geht?s dir? Bist du einsam?
Darf ich dich besuchen kommen? Viele Grüße! Jo
Hi Jo klar! Komm vorbei bring mir aber was zu Essen mit!

where my bread at you broke bitch??

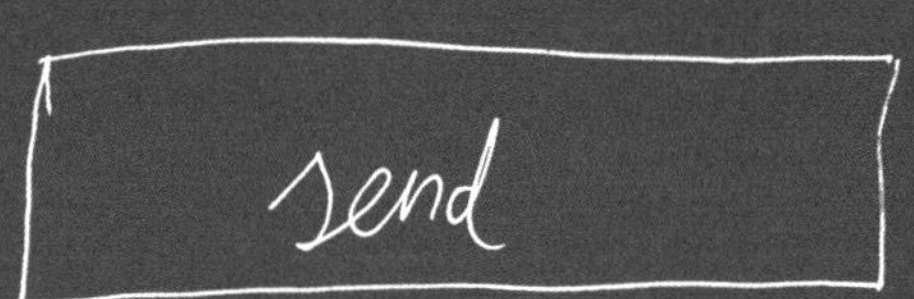

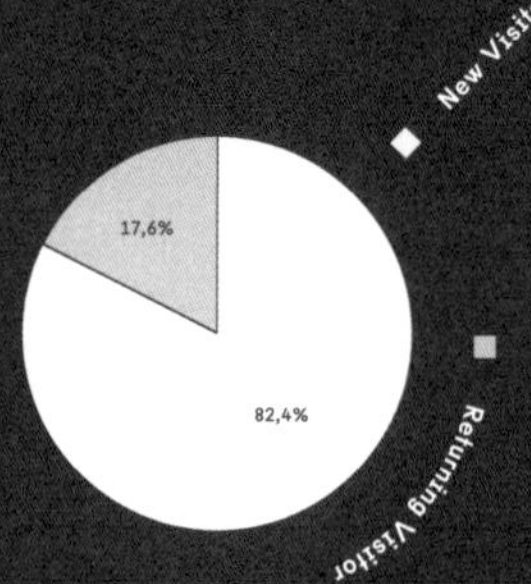

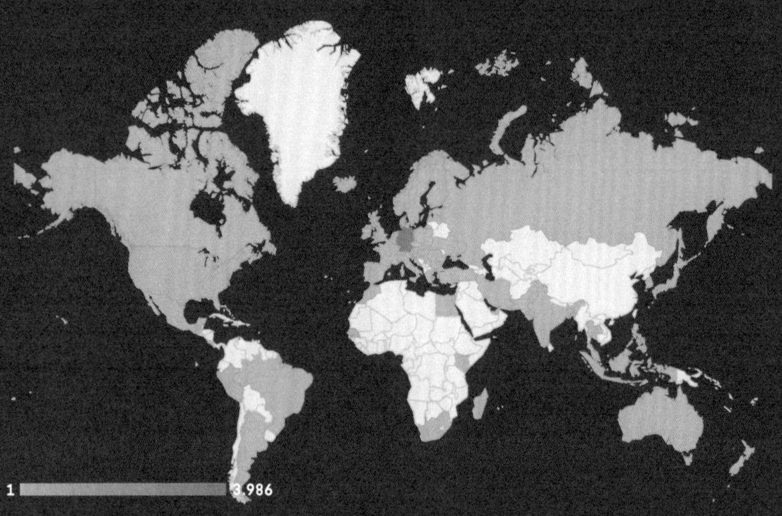

	Sprache	Nutzer	Nutzer in %
1.	de-de	2.774	59,85%
2.	de	652	14,07%
3.	en - us	531	11,46%
4.	en-gb	199	4,29%
5.	nb-no	141	3,04%
6.	fr-fr	40	0,86%
7.	ru-ru	33	0,71%
8.	de-ch	31	0,67%
9.	it-it	29	0,63%
10.	de-at	20	0,43%

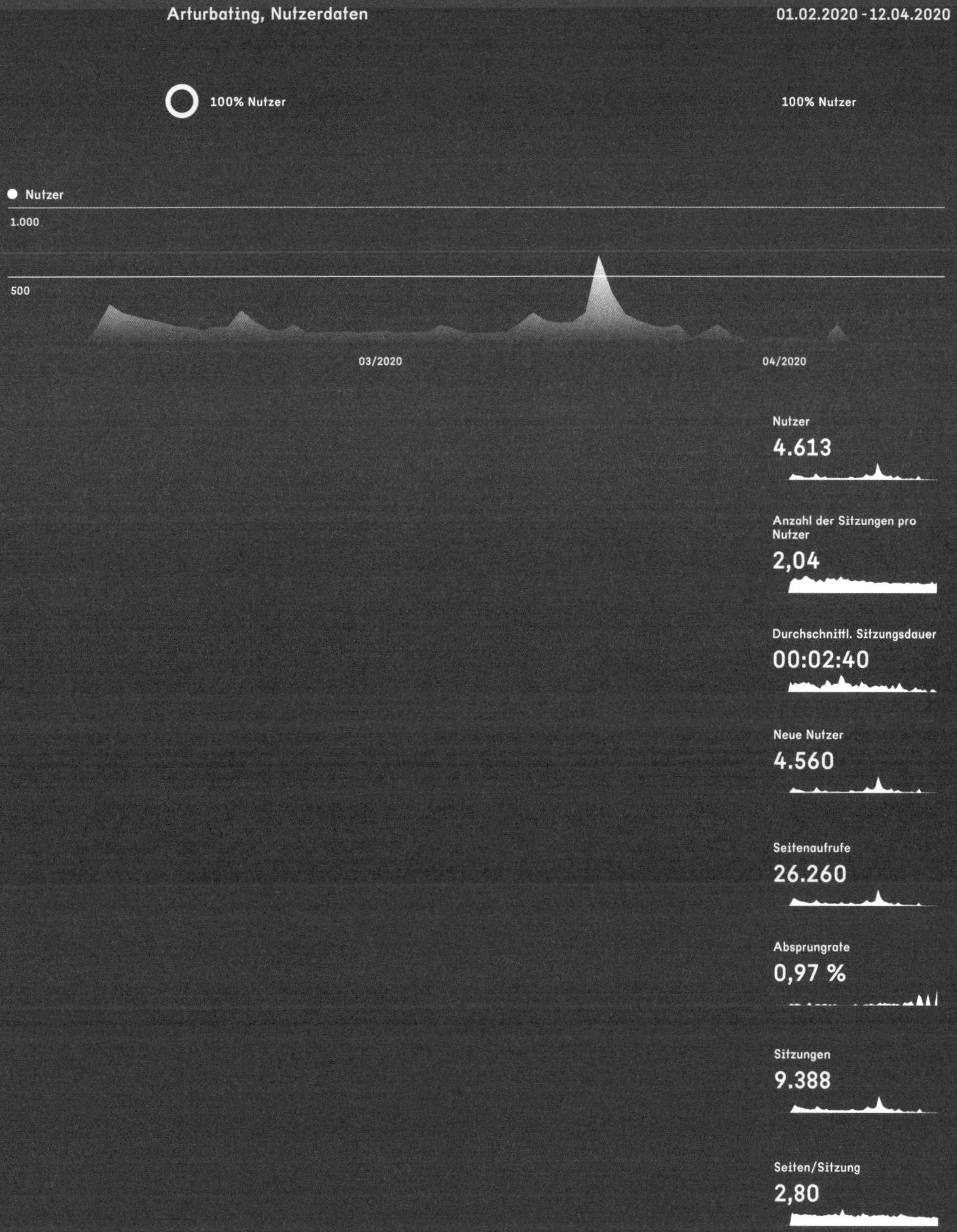

Arturbating, Nutzerdaten

01.02.2020 - 12.04.2020

100% Nutzer

100% Nutzer

● Nutzer

1.000

500

03/2020

04/2020

Nutzer
4.613

Anzahl der Sitzungen pro Nutzer
2,04

Durchschnittl. Sitzungsdauer
00:02:40

Neue Nutzer
4.560

Seitenaufrufe
26.260

Absprungrate
0,97 %

Sitzungen
9.388

Seiten/Sitzung
2,80

www.arturbating.com
Protokoll Google Analytics 01.02.2020–12.04.2020
Google Analytics protocol 01.02.2020–12.04.2020

Das Medium ist die Massage

The Medium Is the Massage

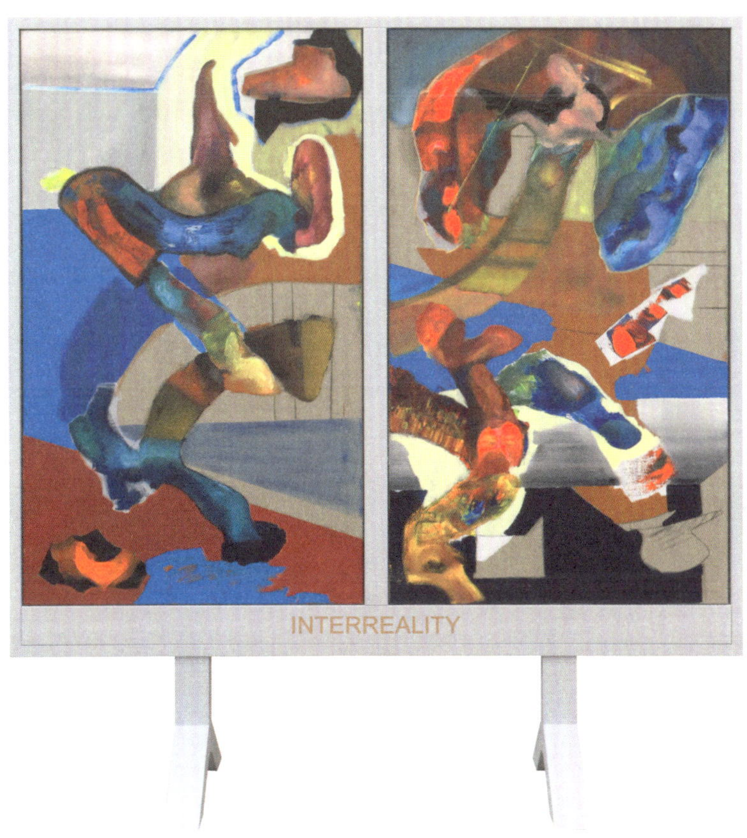

Interreality Film Presents 4, 2016
Öl auf Leinwand, 167 × 195 cm
Oil on canvas, 65 ¾ × 76 ¾ in

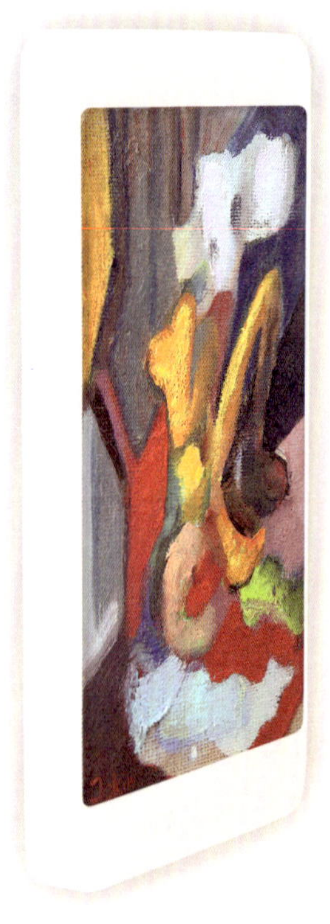

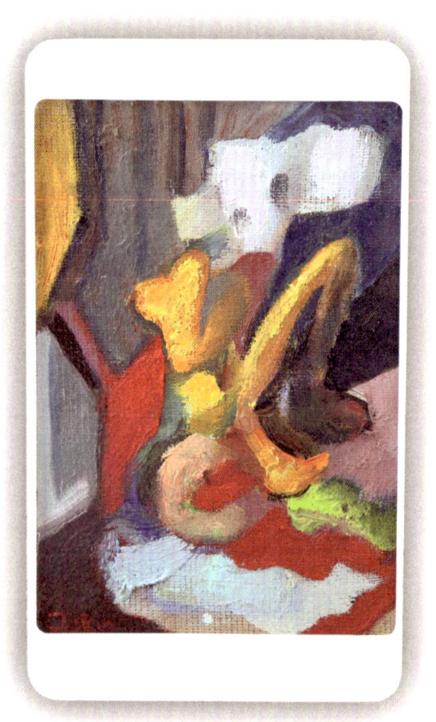

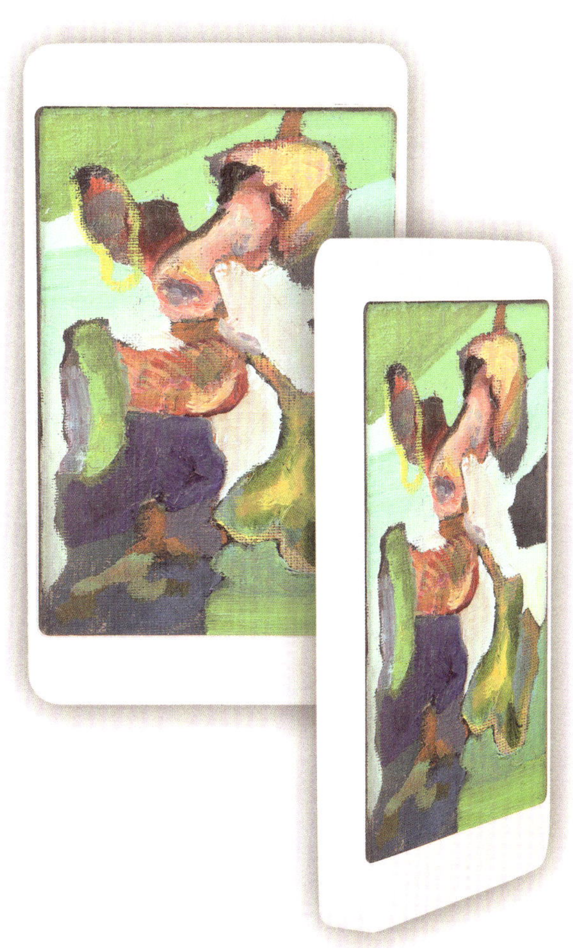

Serie / series **uFame**, 2018
Öl auf Leinwand, Kunstharz, je 19,7 × 11,4 × 1,9 cm
Oil on canvas, artificial resin, 7 ¾ × 4 ½ × ¾ in each

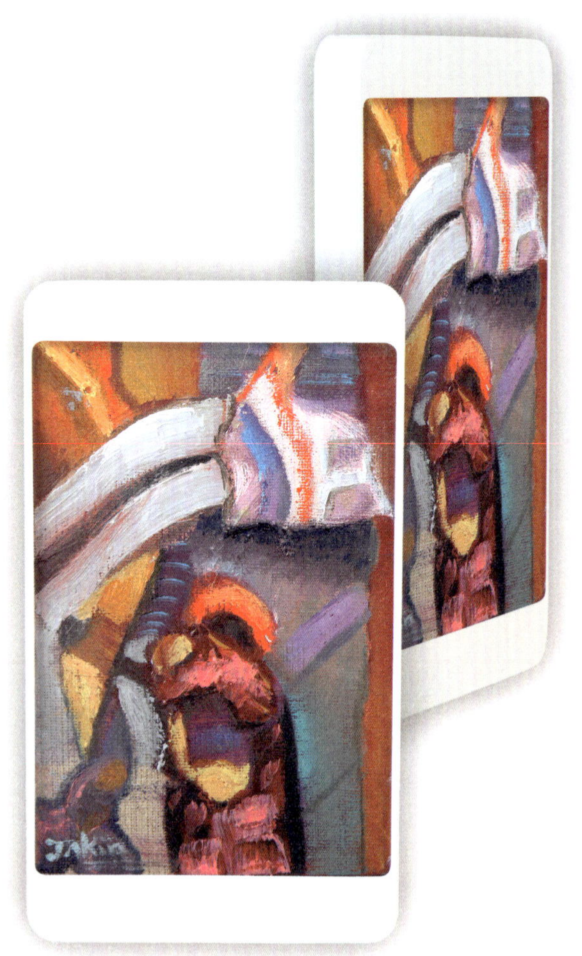

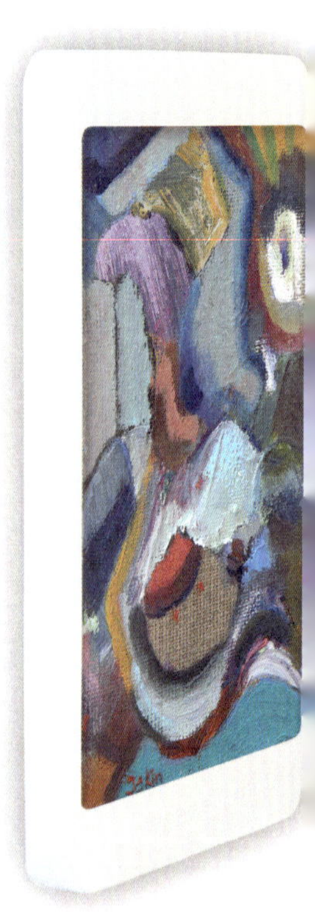

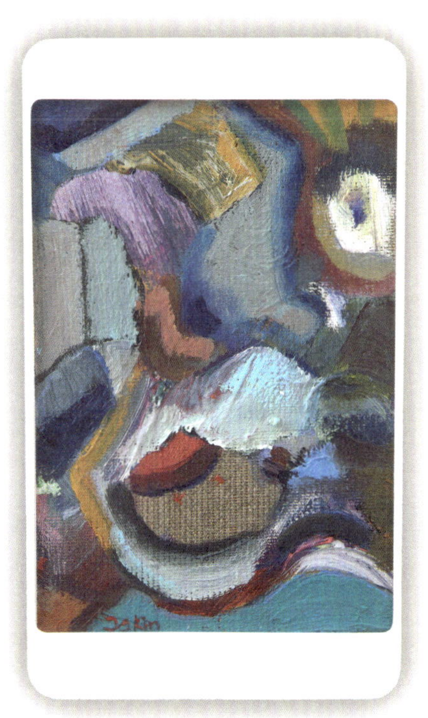

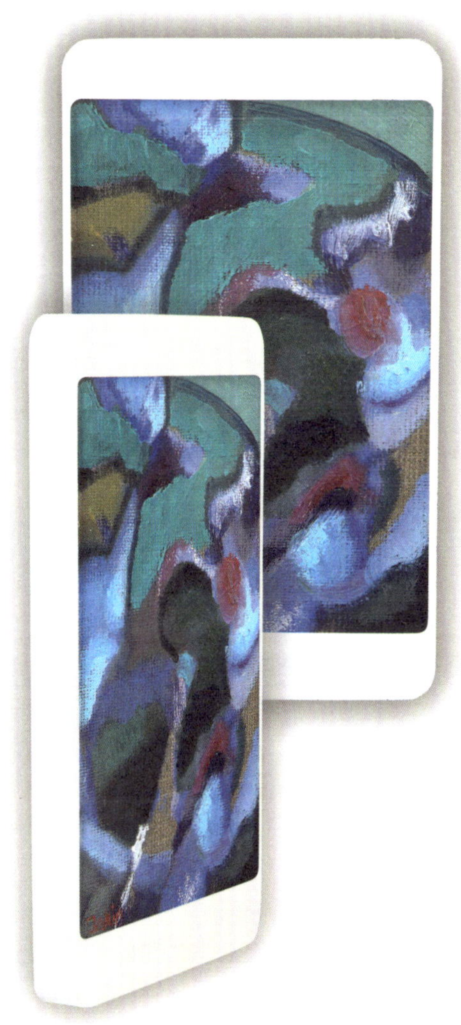

Serie / series **uFame**, 2018

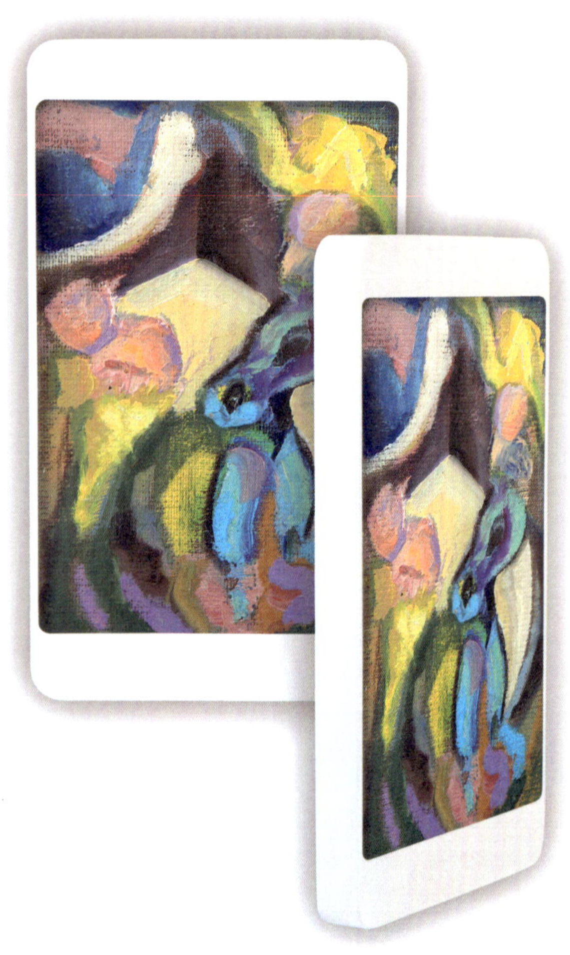

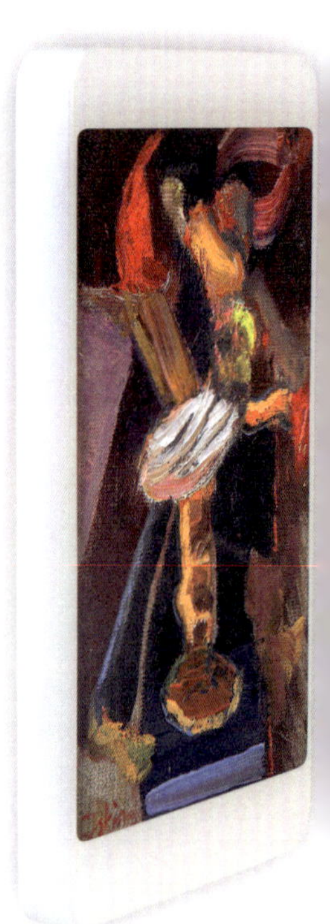

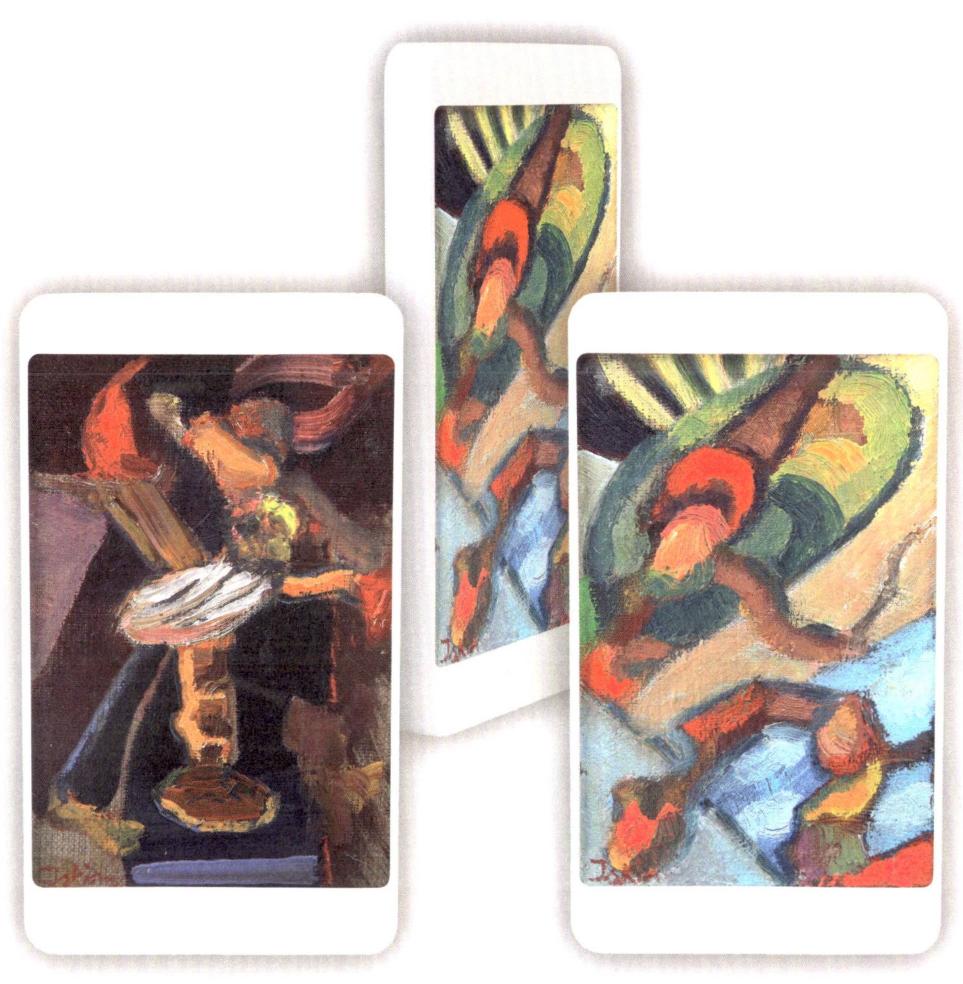

Serie / series **uFame**, 2018

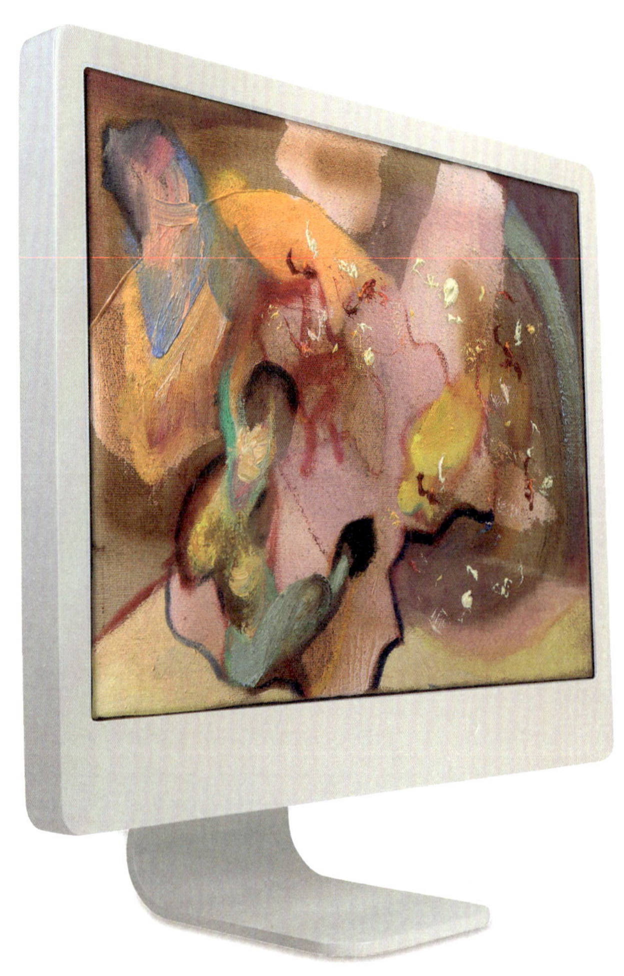

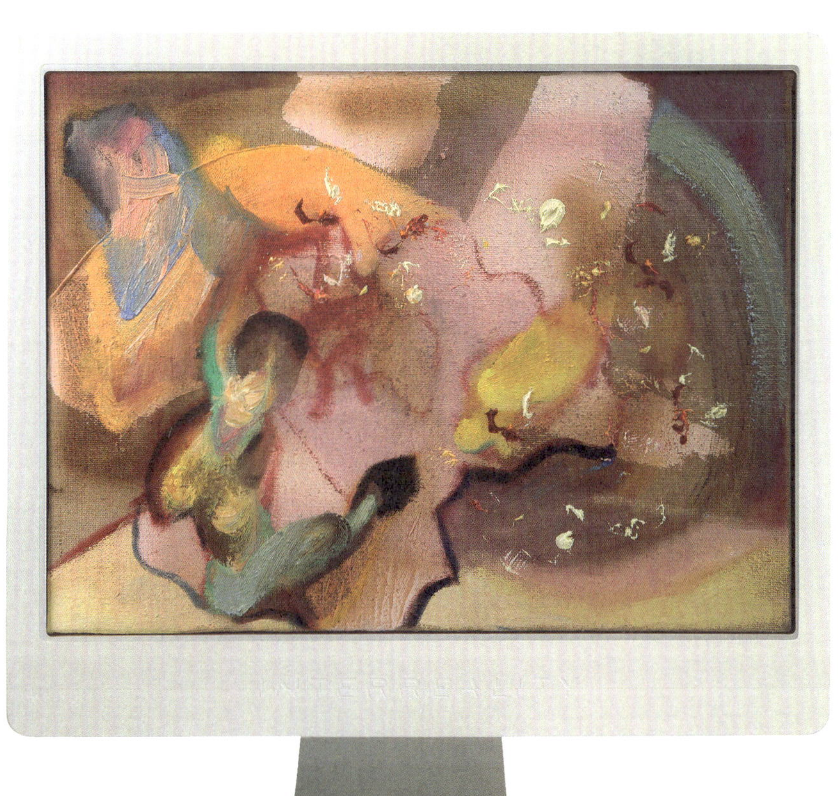

Serie / series **iPaint**, 2018
Öl auf Leinwand, Holz, Kunstharz, je 67,9 × 66 × 27,3 cm
Oil on canvas, wood, artificial resin, 26 ¾ × 26 × 10 ¾ in each

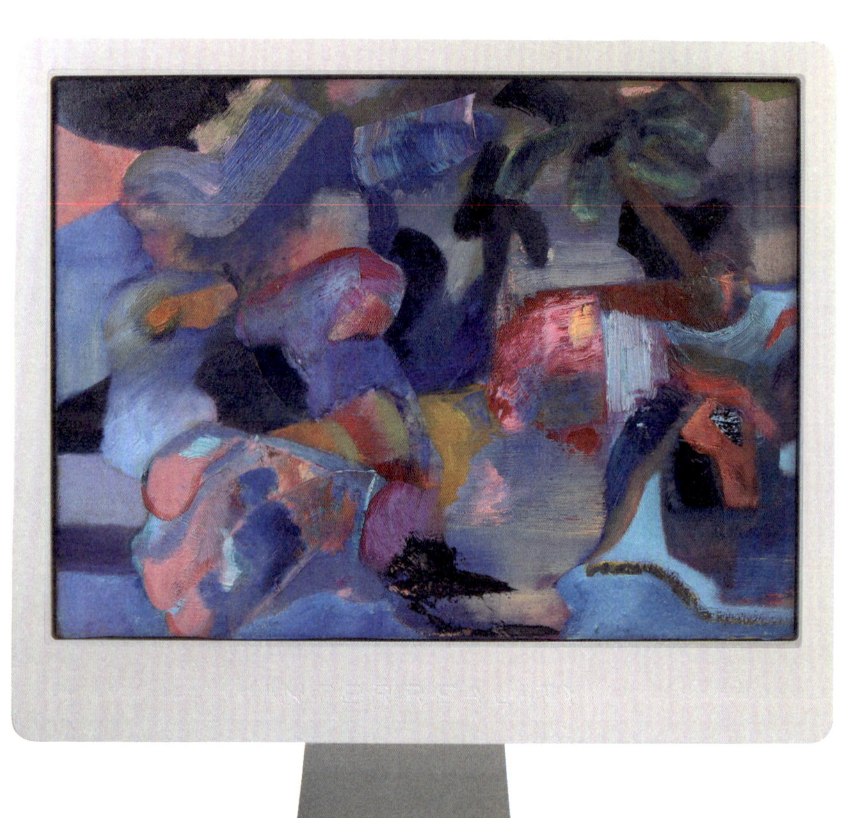

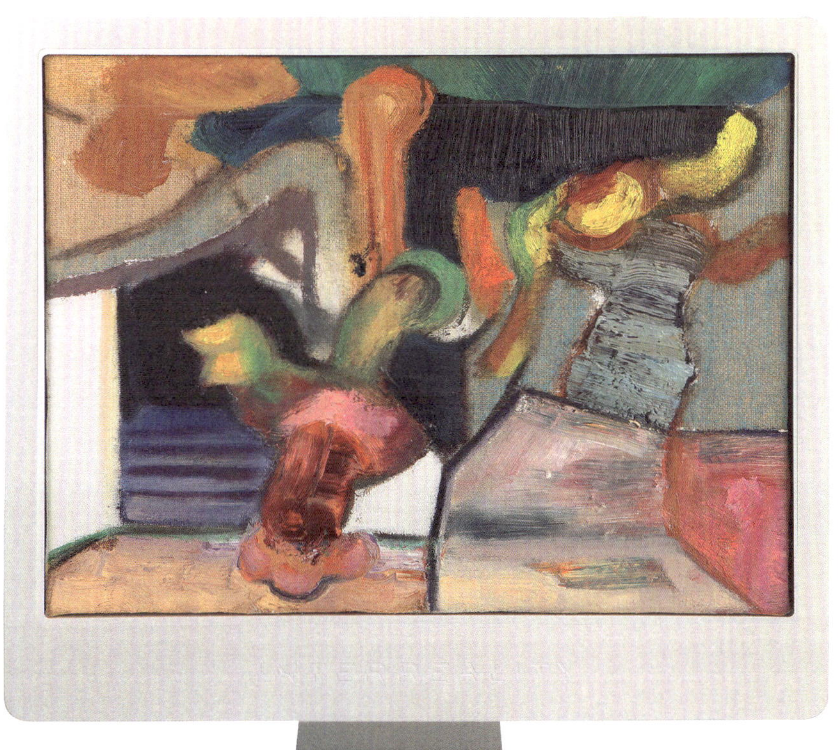

Serie / series **iPaint**, 2018

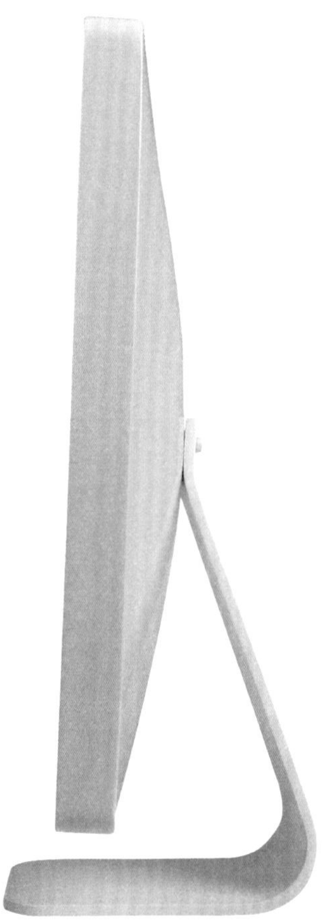

Iconic Turn Paintings

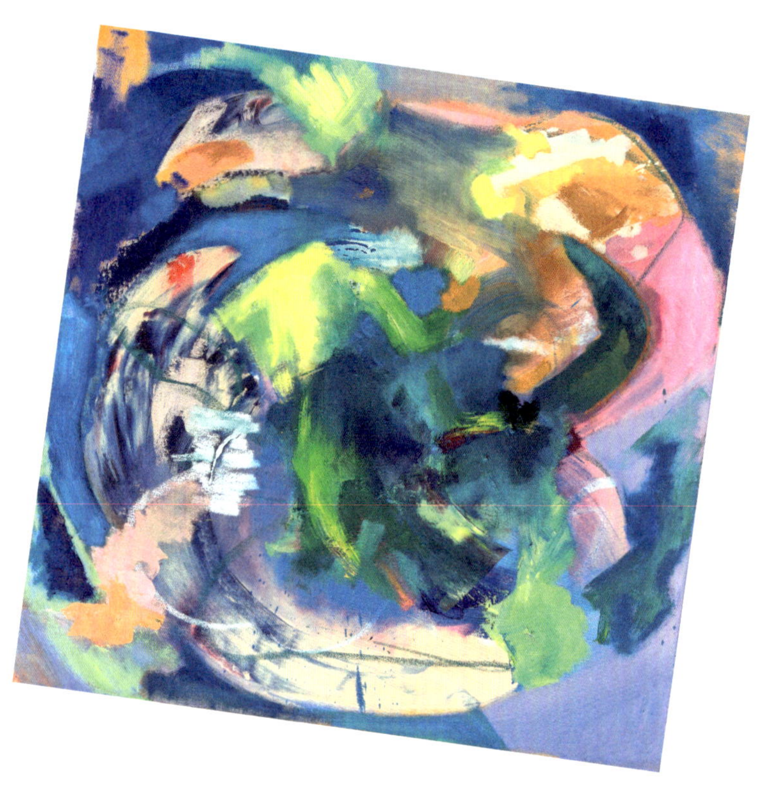

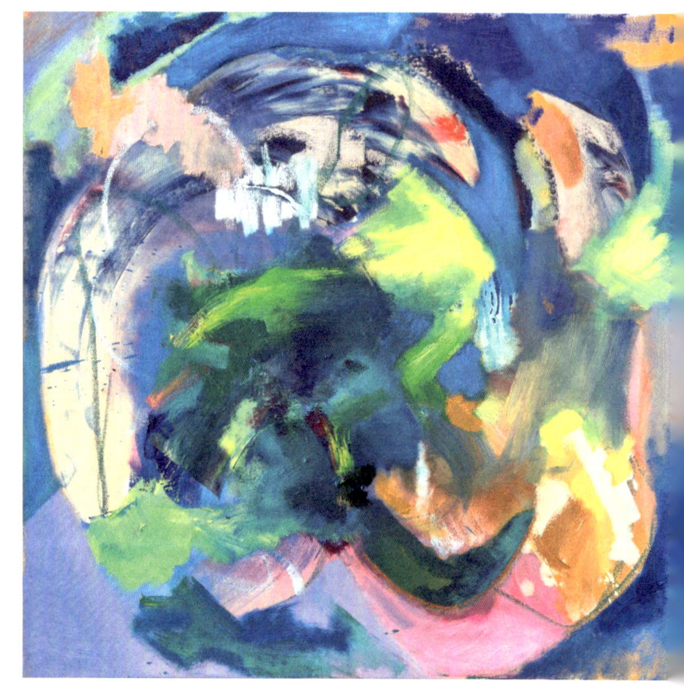

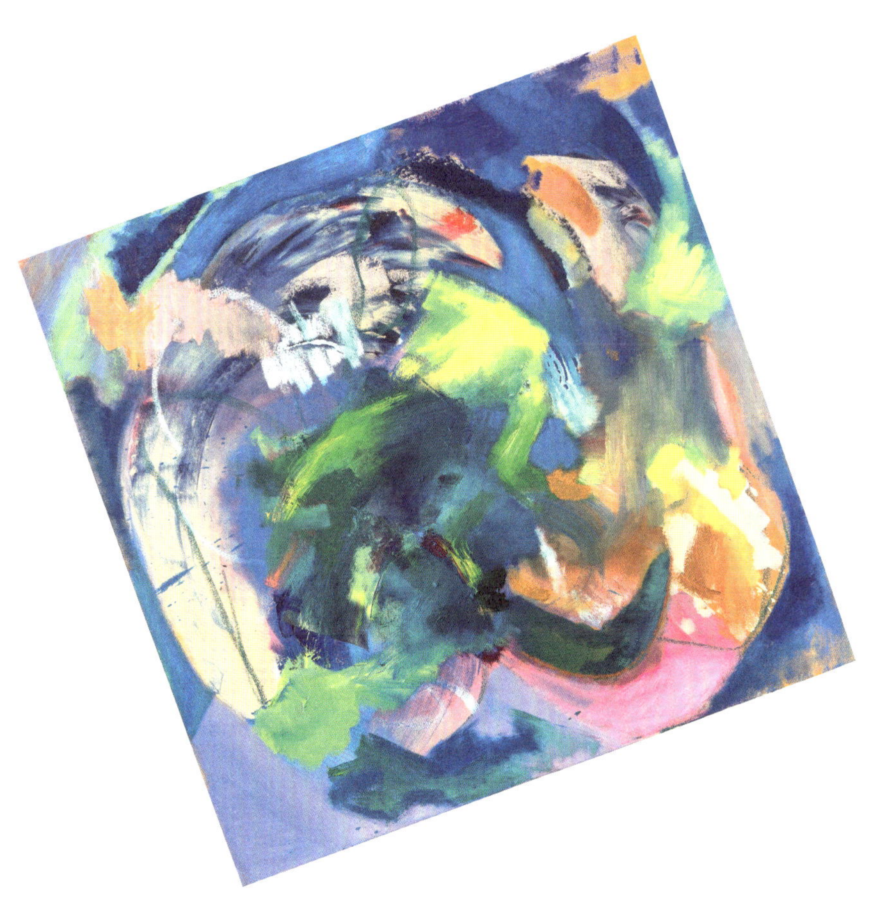

Serie / series **Iconic Turn Paintings**, 2019/2020
Öl auf Leinwand, Metall-Rotationseinrichtung, je 103 × 103 × 20 cm
Oil on canvas, metal rotation device, 40 ½ × 40 ½ × 7 ¾ in each

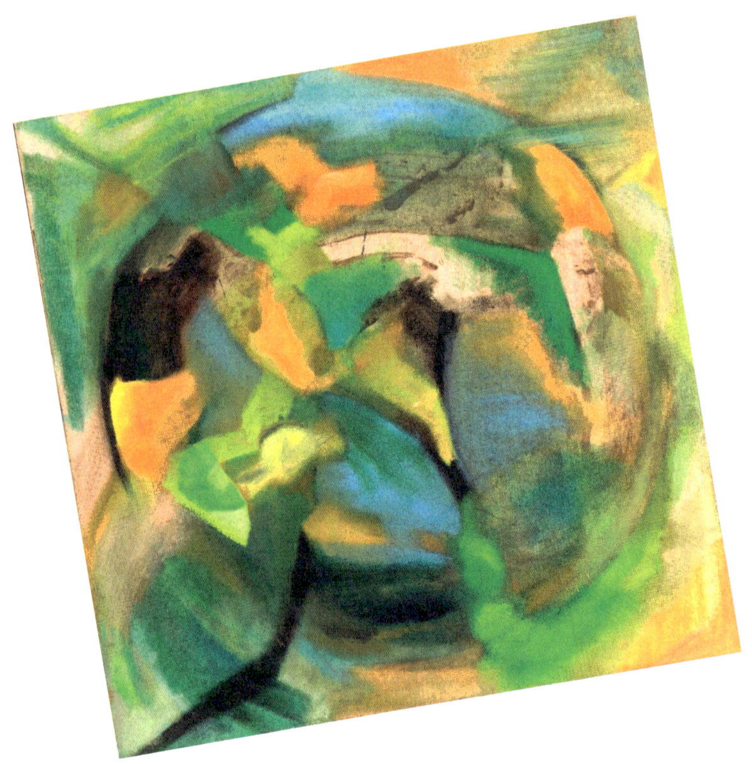

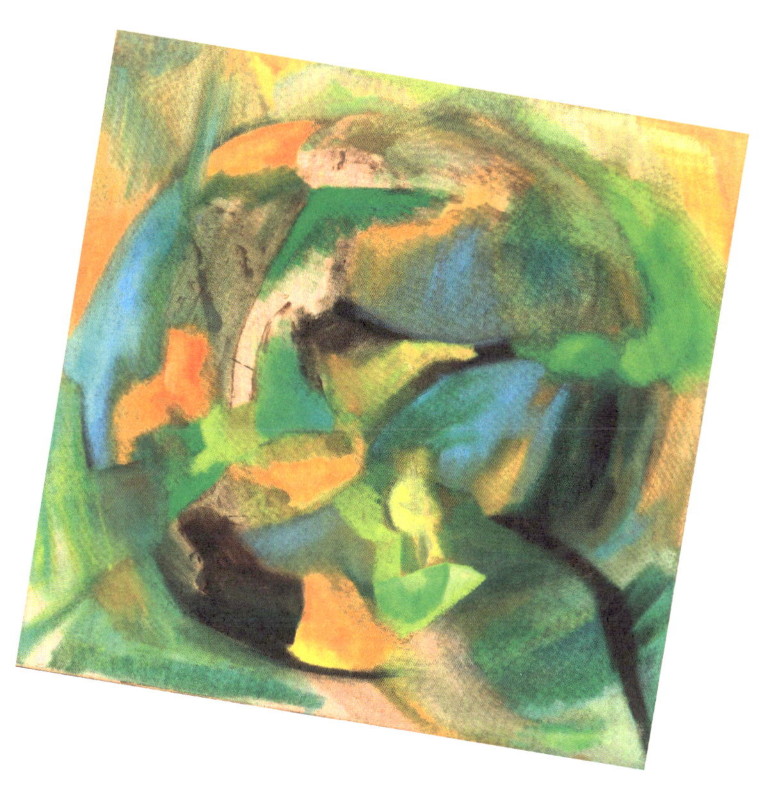

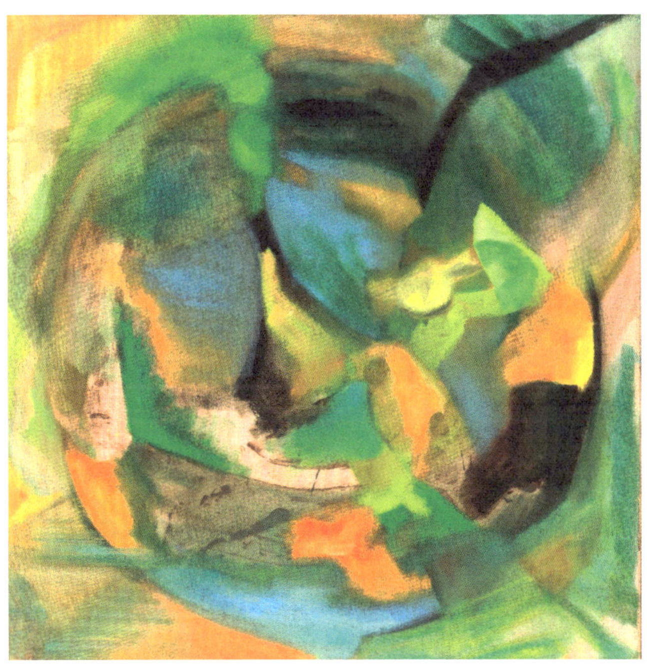

Serie / series **Iconic Turn Paintings**, 2019/2020

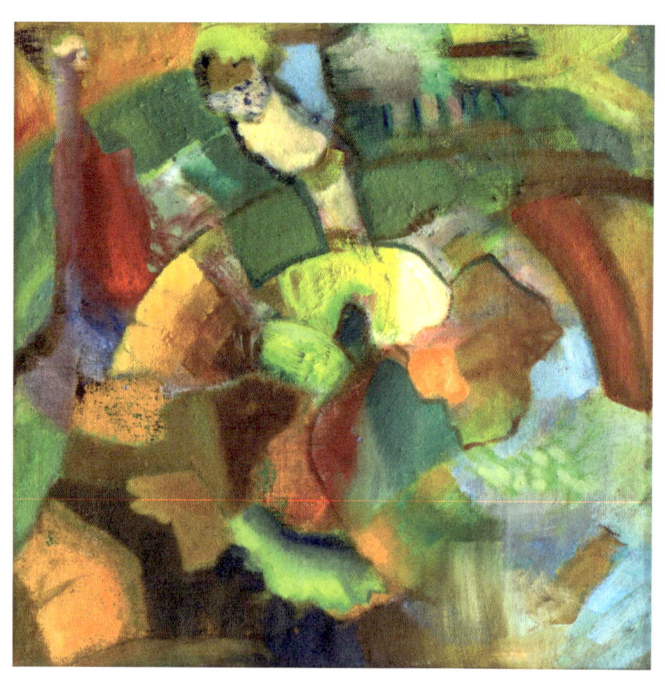

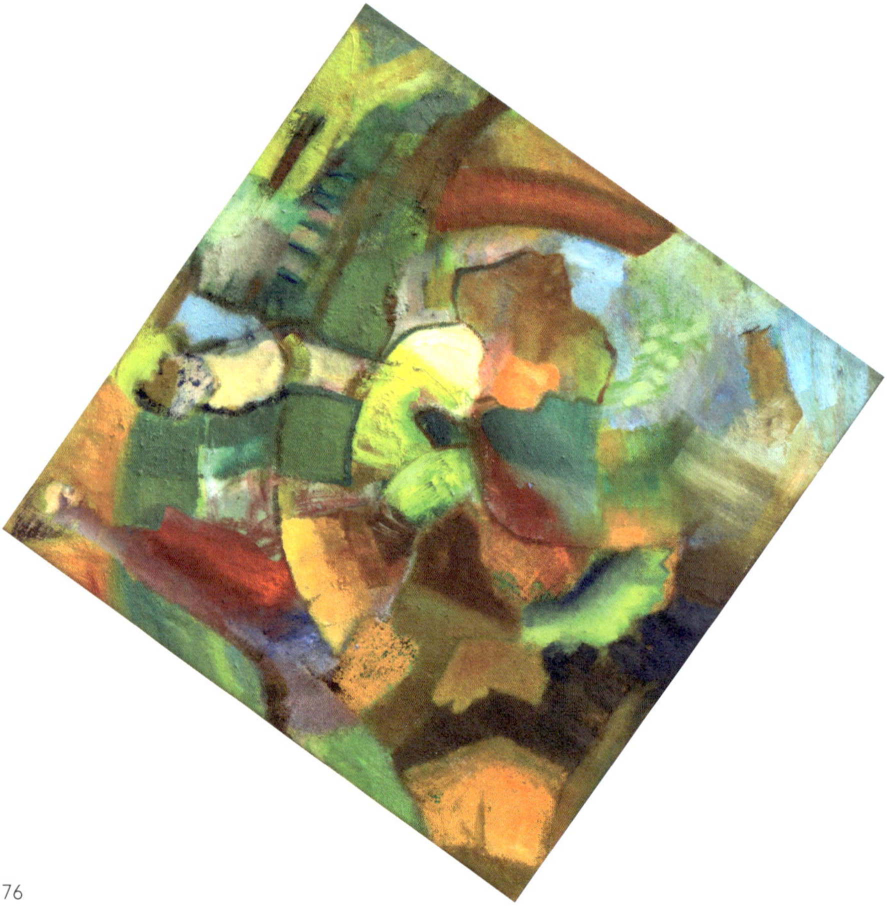

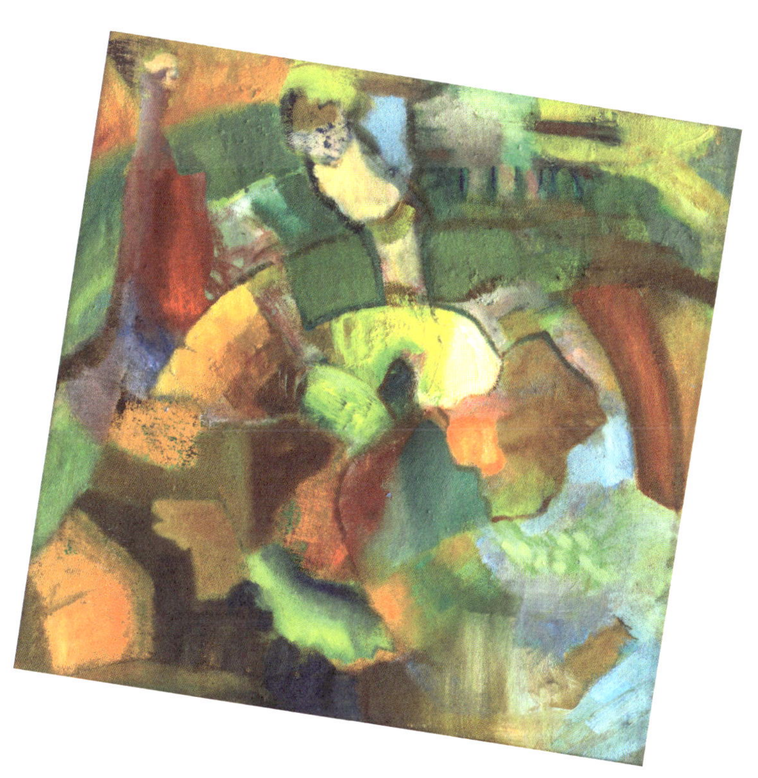

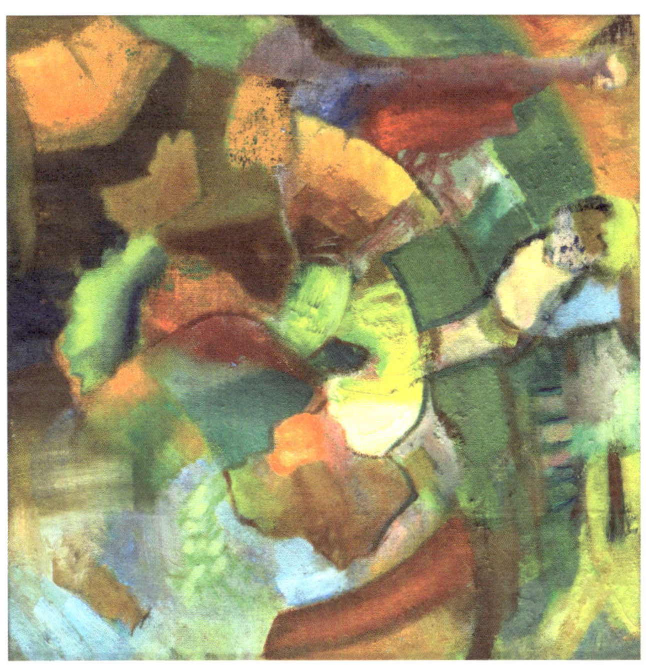

Serie / series **Iconic Turn Paintings**, 2019/2020

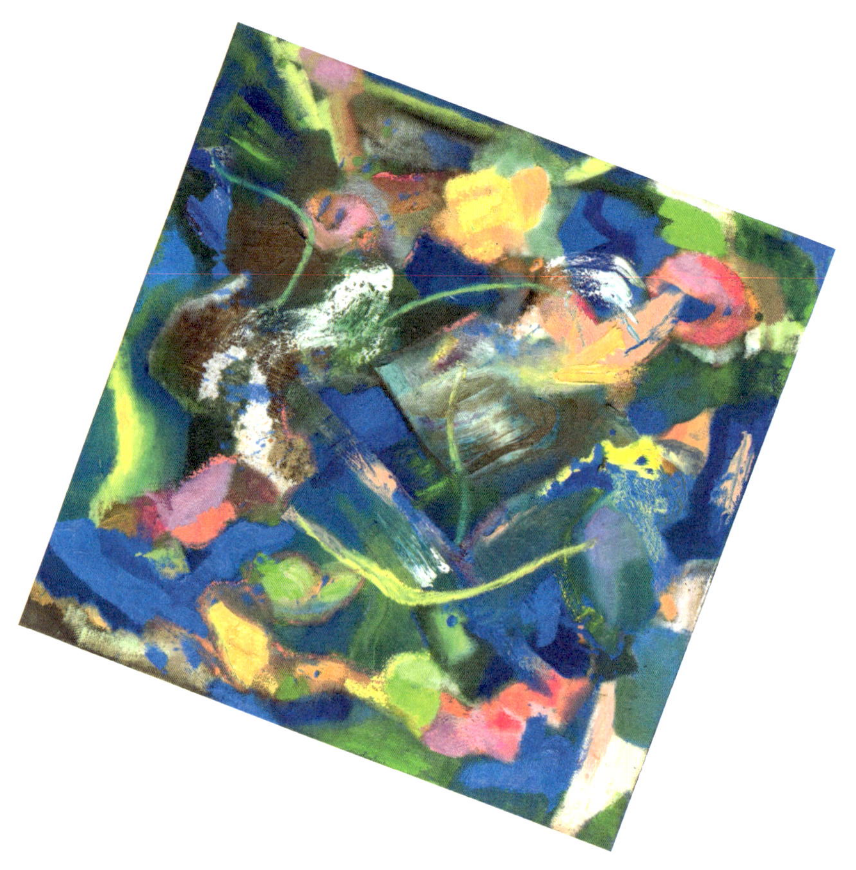

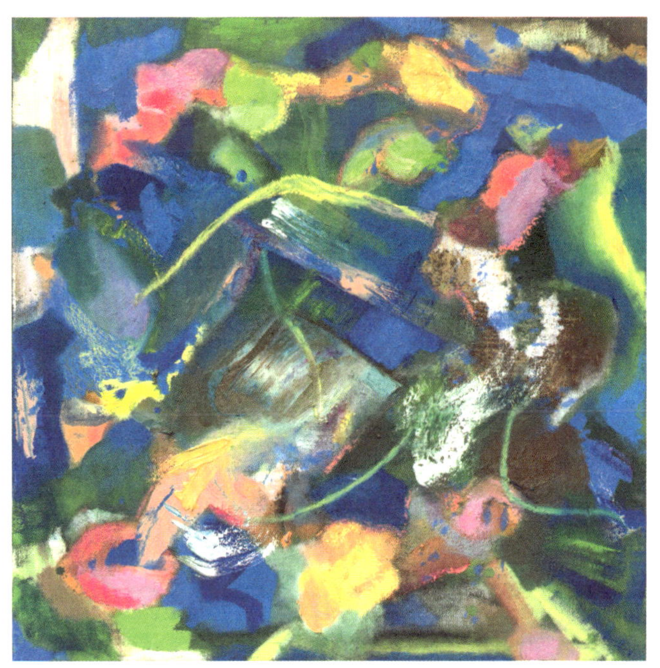

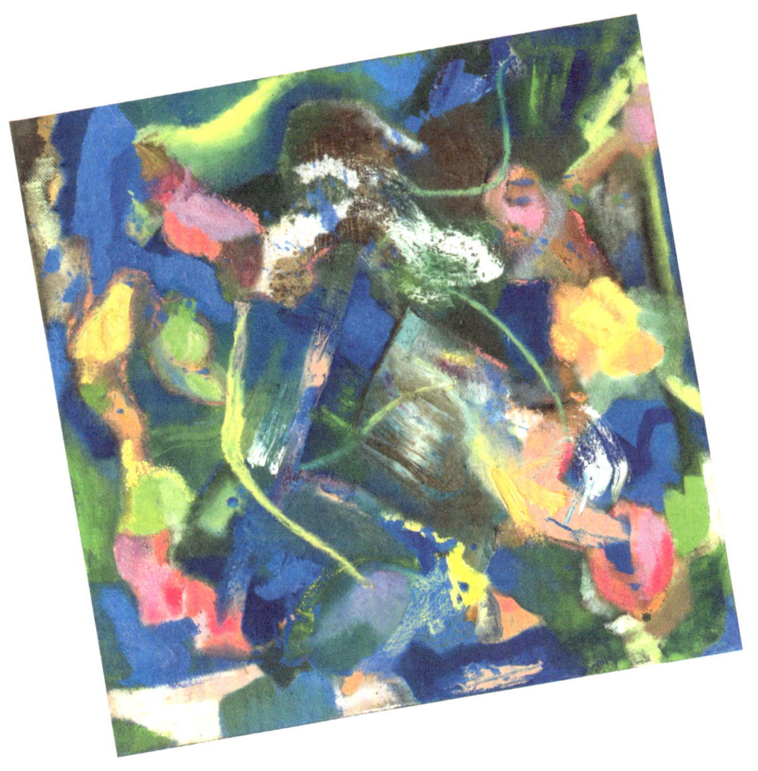

Serie / series **Iconic Turn Paintings**, 2019/2020

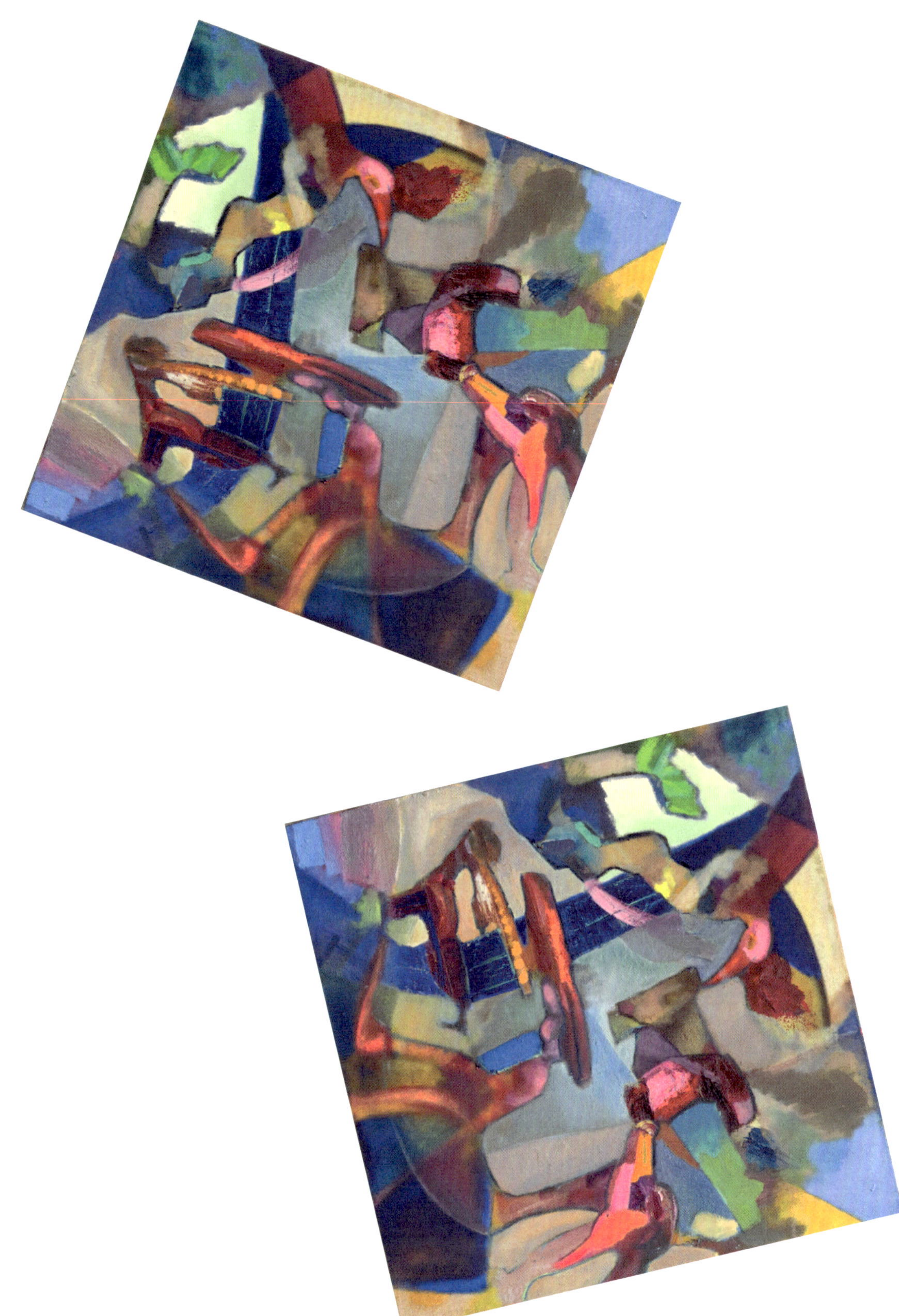

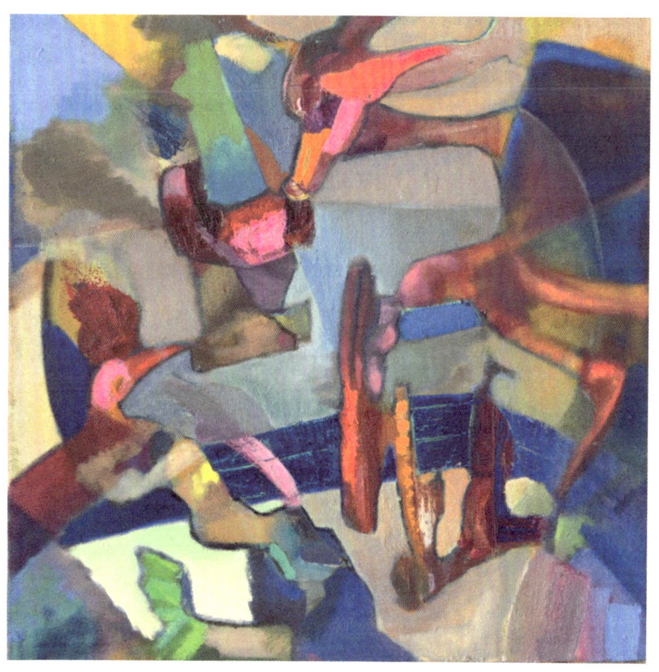

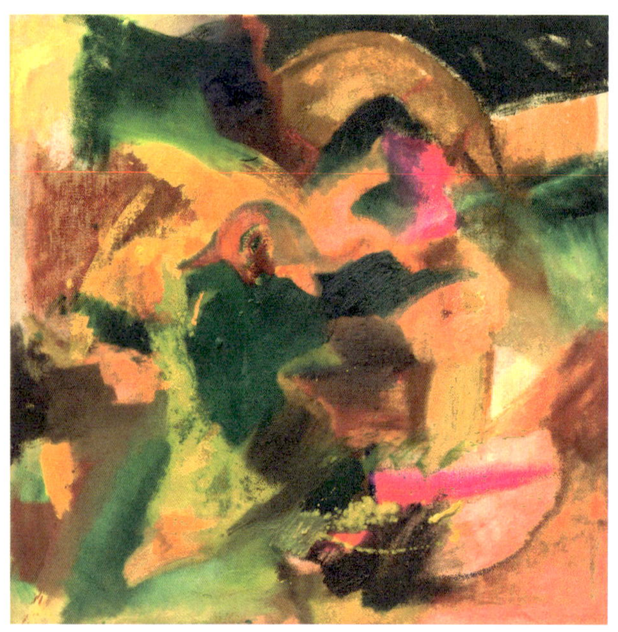

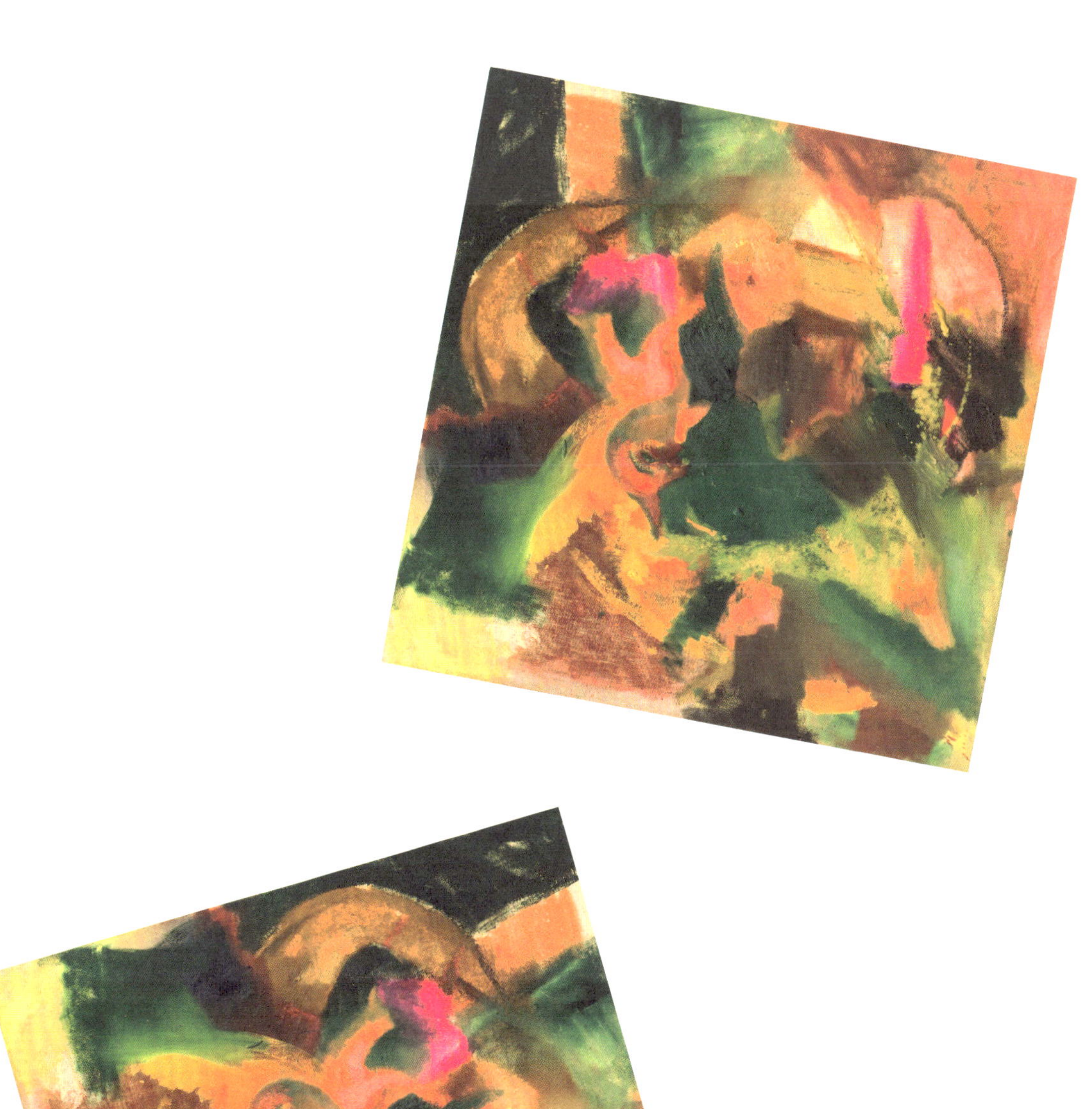

Serie / series **Iconic Turn Paintings**, 2019/2020

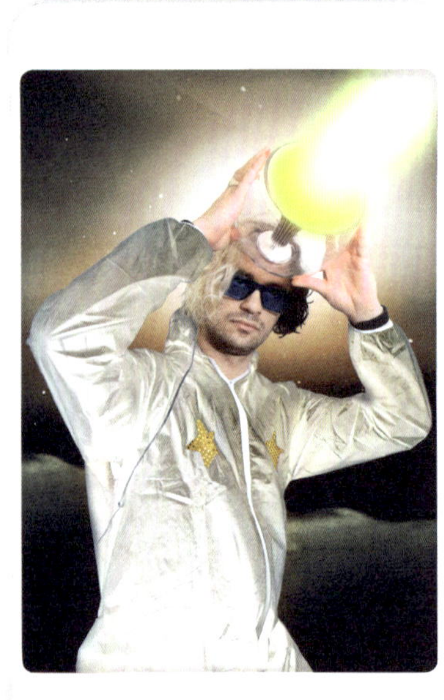

Alexander Iskin
Foto / Photo: Johanna Laleh von Holst, 2020

Leonie Pfennig is typing ...

Eine Frage der Perspektive   A Question of Perspective

„Wenn wir auch die vollkommene Harmonie, das absolute Gleichgewicht im All nicht zu erfassen vermögen, so ist doch alles und jedes im Weltall den Gesetzen dieser Harmonie, dieses Gleichgewichts untergeordnet. Es ist Aufgabe der Künstler, die verborgene Harmonie, dieses universale Gleichgewicht in den Dingen aufzuspüren und zu gestalten, ihre Gesetzmäßigkeit aufzuweisen usw. Das (wirklich exakte) Kunstwerk ist ein Gleichnis des Universums mit künstlerischen Mitteln."
[Theo van Doesburg, 1921/22]

Wenn Astronauten das erste Mal von oben auf die Erde blicken, stellt sich ein spektakuläres Erlebnis ein, das als „Overview Effect" bezeichnet wird. Im gleichnamigen Buch von Frank White, erschienen 1987, schildern verschiedene Raumfahrer den unvergesslichen Eindruck, der durch das Einnehmen einer neuen Perspektive ihr Leben und die Sicht auf die Welt mit ihren Bewohner*innen nachhaltig verändert hat. Bei Alexander Iskin führte das Buch zu einem Perspektivwechsel innerhalb seiner Malerei. Es gibt einige solcher Momente in den letzten neun Jahren, an denen seine Kunst eine neue Richtung eingeschlagen hat, an denen alte Ideen durch neue ersetzt und Worte – gelesene oder gesagte – ein Umdenken in seiner Malerei begründet haben. Was der Overview Effect ausgelöst hat, zeigt sich in seinem Bild *Tierkreis* [Abb. 1]. Auf quadratischem Grund zirkulieren Farbflächen und gespachtelte Pinselstriche um ein Zentrum oder drängen aus ihm heraus, wie von einer Zentrifuge in Bewegung versetzt. Blau stößt an Gelb und Orange, alles fliegt auseinander, wirbelt, erzeugt einen Sog, in dem das Auge Halt sucht, ein oben oder unten, einen Anhaltspunkt, an dem es zum Stillstand kommen kann – vergeblich.

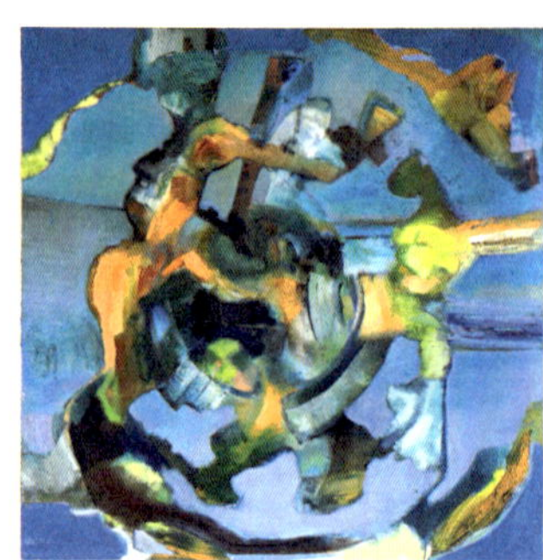

Abb.1
Tierkreis, 2018
[→ S. 103]

Anstatt das Bild wie vorher an der Wand oder auf der Staffelei zu malen, mit einer festgelegten Ansicht und einer Malrichtung, die durch die Position der Leinwand vorgegeben ist, malte er mit der Leinwand auf dem Boden liegend. Von oben überblickt, aber von allen Seiten gleichwertig und parallel bearbeitet, ist jede Seite eine „richtige" Seite, die Komposition muss aus jeder Perspektive stimmig und im Gleichgewicht sein. Die Erde in ihrer Ganzheit zu erfassen und zu überblicken ist genauso unmöglich, wie der Versuch, sie ganz zu malen. Selbst aus dem Weltall offen bart sich nur ein Ausschnitt, aus jedem Winkel zeigt sich eine andere Bedeutung, rückt etwas anderes in den Fokus. Dieser universale Gedanke lässt sich im Kleinen runterbrechen auf das Bild, das – so offen wie möglich –, in einem Schwebezustand verharrt.

Das Bedürfnis nach ständiger Transformation und Blickwechseln, ein Nicht-Festlegen-Wollen auf die eine Dimension, das Iskin bei *Tierkreis* durch die eigene Rotation um die Leinwand erzeugte, durchzieht seine Arbeit wie eine leise mitlaufende Tonspur. Bevor er selbst es sich zu bequem macht, in seiner Kunst, aber auch am Ort, der für die jeweilige Phase sein Lebens- und Arbeitsraum ist, lässt er sich in eine andere Richtung ziehen. Es ist die stete Suche nach äußeren Einflüssen, die noch nicht zur Gewohnheit geworden sind, die den Blick herausfordern und die eigene Verortung in der Welt und in der Malerei überdenken lassen. Indem er sich selbst in seiner Arbeit so wenig einschränkt wie möglich und alle Richtungen offen lässt, öffnet er in seinen Bildern immer neue Zugänge, überlässt den Betrachter*innen den Raum, in dem sie sich zurecht finden müssen, geleitet vom individuellen visuellen Gedächtnis. Ein Titel wie *Ungarischer Elefantentanz* [Abb. 2] ist dabei kein Eingangstor, sondern eher eine verschlüsselte Notiz, mit der Iskin das Gefühl der Zeit transportiert, in der das Bild entstanden ist, um sich auch später noch in die Stimmung zurückversetzen zu können. In diesem Fall hinterlässt er den Betrachter*innen rote Pfeile auf der Leinwand, die unmittelbar ins Auge springen und sie auf eine Schnitzeljagd durch die bläulichvioletten Tiefen des Gemäldes führen. Links, rechts, nein doch wieder links – was zuerst gesehen werden will, erschließt sich nicht, da es auch hier kein Zentrum, kein Wichtigstes oder Erstes gibt. Die Pfeile weisen eher den Weg aus dem Bild heraus als durch es hindurch, verbinden Ebenen und innere Räume und stehen stellvertretend für die Dynamik, die sich zwischen der gemalten Realität und der äußeren, sie umgebenden entwickelt.

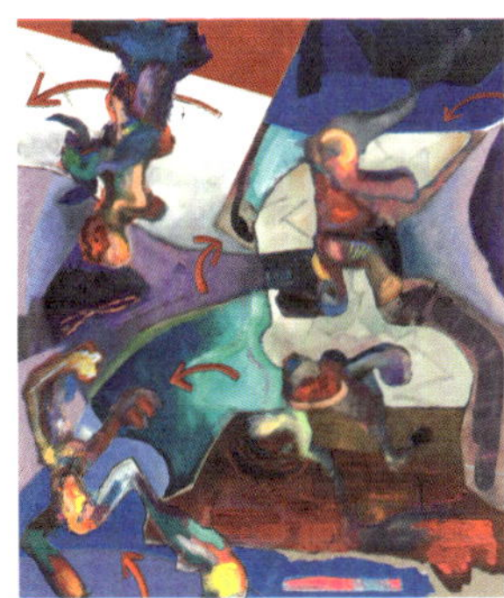

Abb.2
Ungarischer Elefantentanz, 2016
[→ S. 132]

In diesem Bild klingt etwas an, für das Iskin erst einen Namen finden musste und damit unverhohlen gleich eine neue Kunstrichtung ausgerufen hat: der Interrealismus. Der Begriff beschreibt den Zwischenzustand zwischen analoger und digitaler Welt, in der wir uns heute befinden: In einer Gegenwart, die mit einem Bein in der von digitaler Vernetzung und Menschen ersetzenden Maschinen steht, und mit dem anderen das Feld der analogen, haptischen und physischen Vergangenheit noch nicht ganz verlassen will. *More tomorrow than yesterday* [Abb. 3] ist auch ein Bild benannt, das sich zeitlich in die Schöpfungsphase des Interrealismus einfügt. Auf einer sich in mehrere einzelne Räume oder Einheiten zersplitternden Leinwand bewegen sich schemenhafte Figuren durch eine Gleichzeitigkeit, die jeden Anspruch an eine linearere Erzählweise hinter sich gelassen hat. Die Figur löst sich in der Bewegung in Unschärfe auf, springt wie in den fotografischen Vorläufern des Films von Eadweard Muybridge durch das Bild, ist im selben Moment an mehreren Stellen, durch die Räume transzendierend. Die Hybridität von Zuständen zeigt sich auch in der Behandlung der Leinwand, die stellenweise ungrundiert als purer Stoff, dann mit einer flächigen und durchscheinenden Acrylschicht und zuletzt mit dichter und leuchtender Ölfarbe durchsetzt ist. Iskin versteckt seine kunstgeschichtlichen Vorbilder nicht, wie selbstverständlich bewegt sich da auch ein Stück Francis Bacon durch das Bild – warum auch nicht. Es ist eine Spur aus der Geschichte der Malerei, die Alexander Iskin hier als Fragment, als Anklang in sein Werk holt, nicht so sehr als Hommage, sondern als Geistesblitz, der ihn zu einer Neubetrachtung der Malerei inspiriert hat – mehr morgen als gestern eben.

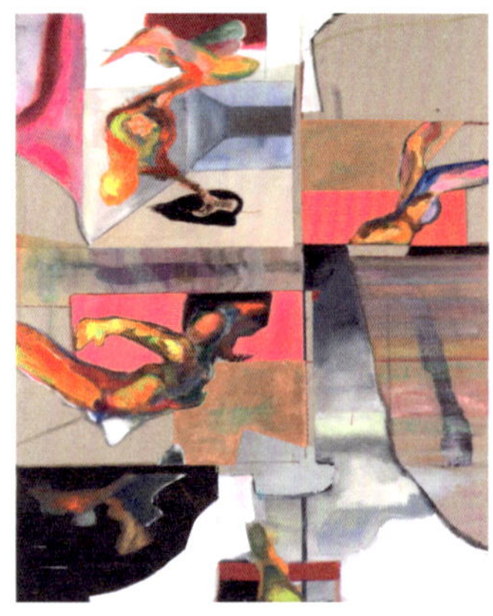

Abb.3
More tomorrow than yesterday, 2016
[→ S. 111]

Das Zwischen-den-Welten-Stehen, das seine Malerei verspricht, verkörpert Alexander Iskin auch durch seine Biografie. 1990 in Moskau geboren wuchs Iskin ein Jahr nach der Wende und dem Zerfall der Sowjetunion in (West-) Deutschland auf, am östlichen Rand von Niedersachsen, unweit der ehemaligen innerdeutschen Grenze. Die Heimat seiner Eltern und Vorfahren hat er seit der Emigration nicht mehr besucht, seine Sozialisierung ist eine deutsche, auch wenn zu Hause Russisch gesprochen wurde. Als Kind der sogenannten Generation Y, der Millennials, ist Iskin in einer analogen Kindheit aufgewachsen, die in eine digitalisierte Jugend überging Weder das eine noch das andere ist ihm fremd. Seine tiefgreifende Beschäftigung mit dem Wandel der Welt, mit Mechanismen sozialer Netzwerke oder den Möglichkeiten künstlicher Intelligenz, aber auch mit der Kunstgeschichte der Moderne, mit Literatur, Philosophie und Musik findet ihren Ausdruck in der Ölmalerei, einem ebenso traditionsreichen wie sich nie erschöpfendem Medium. Auch wenn Iskin sich zeitweise in andere Disziplinen begibt, Performances macht, im Raum arbeitet, schreibt, filmisch oder skulptural arbeitet, die Basis, der Ausgangs- und Endpunkt ist immer die Malerei – seine Muttersprache, wie er es nennt. Sie bietet ihm die größtmögliche Weite, eine grenzenlose Offenheit, in der alles möglich ist. Das Zerbersten und Aufeinanderprallen von Realitäten entlädt sich in der malerischen Geste.

Mit dem Bewusstsein für die Interrealitäten befreit Iskin sein Werk noch ein Stück weiter aus den starren Zuschreibungen, die alle schon einen Namen haben und sich an etwas Bestehendem orientieren. Als Antwort auf die immer besser (im Sinne von scharf und „realitätsspiegelnd") werdenden digitalen Bildschirme baut er Flatscreen-TVs, Apple-Monitore und iPhones nach, die statt ihrer slicken Glas-Bildfläche eine Malerei eingepasst haben. Das *uFame* [Abb. 4] in der Form eines iPhones und *iPaint* als Referenz an den iMac reduzieren die formalen Leihgeber aus dem Hause Apple rein auf ihr ikonisches und statussymbolisches Design, dessen der Form folgende Funktion es ist, das gemalte Bild einzurahmen. Das großformatige im Raum stehende Diptychon Interreality Film Presents geht noch einen Schritt weiter. Mit der zweigeteilten Bildtafel, in der zugleich der Rückgriff auf einen mittelalterlichen Flügelaltar mit zugeklappter Schauseite als auch auf einen minimalistischen, wenn auch überdimensionierten Flachbildfernseher steckt, zeigt Iskin die rudimentärste und simpelste Form des bewegten Bildes: Zwei Standbilder, die nebeneinander platziert sind und aufeinanderfolgen, eine Bildergeschichte, deren Erzählung in der individuellen Betrachtung entsteht. Der Übergang der Realitäten als den Rahmen verlassendes Gemälde, nicht der einen, aber auch nicht der anderen Welt zuzuordnen, ein Zwischenraum, inter.

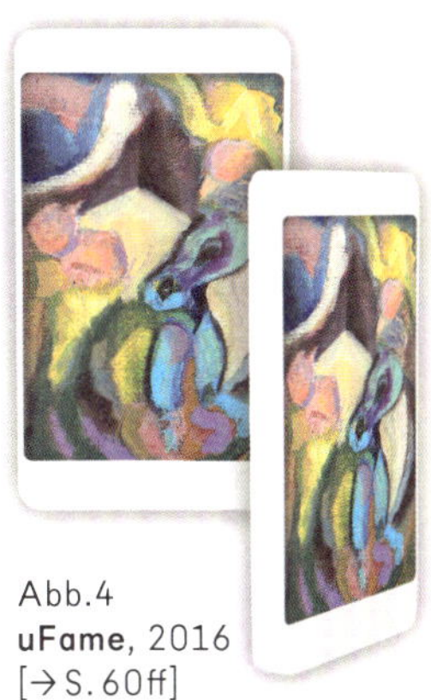

Abb.4
uFame, 2016
[→ S. 60ff]

Willi Baumeister schreibt in seinem Buch *Das Unbekannte in der Kunst* von den „Eigenkräften der Malerei, die sich auf der Bildebene ausbreiten". Diese Kräfte lassen das Bild zu einer Einheit, zu einem „Körper" werden, der sich nicht ansehen lässt, sondern erst im Sehen entsteht. Der Maler macht etwas sichtbar, „das vordem nicht vorhanden war, dem Unbekannten angehörte". In Alexander Iskins Bildern steckt ganz vieles, das vorher schon vorhanden war, sie entstehen nicht in einem ätherischen Vakuum, sondern aus einem ständigen Grundrauschen aus Eindrücken, Ereignissen, Bildern, Streams, Gesprächen der Gegenwart. Doch sind sie weder Ab- oder Nachbild noch Dokument oder Momentaufnahme, sondern für sich stehende „Körper", die sich aus der Umwelt, dem Ort und der Zeit ihrer Entstehung speisen.

Die Idee des Bildes als Körper, als Einheit, die erst im Sehen entsteht, wird in der Werkgruppe der *Iconic Turn Paintings* [Abb. 5] ab 2019 besonders greifbar. Hier dreht Alexander Iskin die innere Bewegung der Leinwand, die er in *Tierkreis* mit dem auf dem Boden liegenden Bildträger begann, auf simpelste Weise um, indem nun das Bild auf der Staffelei rotiert, während der Künstler an seinem Standpunkt verharren kann. Mit ihrer quadratischen Ausgangsform sind die Leinwände schon im unbemalten Urzustand von allen Seiten gleich. Im Malprozess bearbeitet Iskin sie von allen möglichen Ansichten zur gleichen Zeit – jede Perspektive muss auch auf dem Kopf stehend „funktionieren", sich auf die Seite kippen oder diagonal um die eigene Achse rotieren lassen und dabei immer noch ein in sich stimmiges Bild ergeben. Unendlich viele Anblicke sind möglich, die von den Betrachter*innen selbst beeinflusst und angehalten werden können, indem sie das Bild Stück für Stück und stufenlos immer weiter drehen. Der Overview Effect, der Blick von oben auf das Bild als Ganzes lässt trotzdem nicht zu, dass man es komplett erfasst. Es ist unmöglich, alle möglichen Perspektiven in einem Blick zu bündeln. Iskin verleiht der Malerei in all ihrer Zweidimensionalität hier eine Qualität, die sonst der dreidimensionalen Kunst, der Skulptur vorbehalten ist – die Mehransichtigkeit, mit der eine zeitliche Ebene das Werk ergänzt. Und diese unterscheidet sich von der Zeitlichkeit der Multiperspektive, wie sie etwa bei Cézanne beschrieben wurde, in der der Betrachter simultan verschiedene Standpunkte einnimmt. Wenn Willi Baumeister im Hinblick auf die gegenstandslose Malerei der Moderne von einer „Steigerung der Bewegung" spricht, „mit der gleichsam eine Zeit-Substanz in das Kunstwerk eingeführt wird", so ist diese Zeit-Substanz hier noch einmal verstärkt, denn wenn das Bild ganz und gar gesehen werden will, erfordert sie nicht nur die Bewegung des Blicks über die Leinwand, sondern die aktive Bewegung und Beteiligung des/der Betrachters*in selbst.

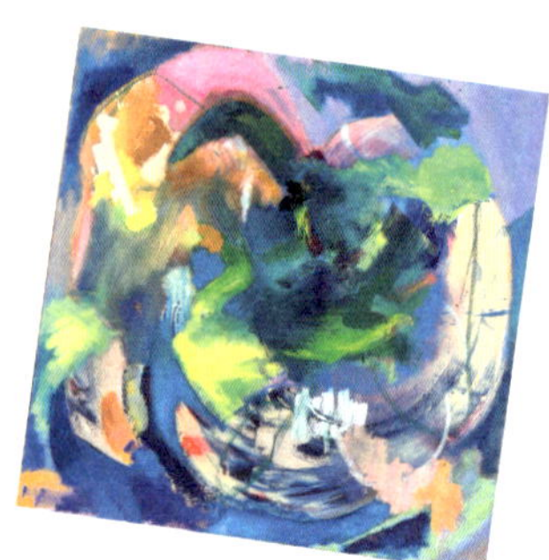

Abb.5
Iconic Turn Painting, 2019
[→ S. 72/73]

Auch hier reagiert Iskin auf die erlebte digitale Realität, in der die Aufmerksamkeitsspanne immer kürzer wird, die Bereitschaft, etwas statisch anzuschauen, womöglich für mehrere kostbare Sekunden oder gar Minuten, ohne parallel schon wieder etwas anderes tun zu wollen, abnimmt, wo Bilder durchgeklickt und runtergescrollt werden, mit dem Finger zur Seite gewischt und schon beim Betrachten ständig von neuen Bildern überlagert werden. Das aktive, bewegte Bild hat in unseren heutigen Sehgewohnheiten dem statischen den Rang abgelaufen, es bringt mehr Likes, mehr Klicks, mehr Reichweite. All diese Phänomene spielen eine Rolle in der Genese der *Iconic Turn Paintings*, nicht, weil sie andere ersetzen oder übertrumpfen sollen, sondern als gemaltes Festhalten von gesellschaftlichen Entwicklungen und Veränderungen.

Alexander Iskin abstrahiert die Idee des Iconic Turn, die Wende vom Wort zum Bild, die 1994 durch Gottfried Boehm begründet wurde, auf das Wörtliche, mit der Betonung auf Turn – den Moment des Drehens. Die im Zuge der ikonischen Wende aufkommenden Frage, „Was ist ein Bild?“, die sich mit den Begriffen des Bildes als „Image“ und als physisch existierendes „Picture“ beschäftigt, für die es im Deutschen keine treffenden Entsprechungen gibt, lässt sich hier weiterschreiben zu: Was bleibt von dem Bild, wenn es bewegt wird? Löst das materielle Bild, das Picture, in seiner momentanen Ausrichtung das gedanklich entstehende, assoziierende Image ab, oder lebt dieses Image, das wir in dem Bild erkennen, im gerahmten Picture fort, wenn es durch die Drehung eine neue Gestalt annimmt?

Alexander Iskin läutet mit dem interrealen Zeitalter seine eigene bildwissenschaftliche Disziplin ein, in der er sein Werk fortan bündeln kann, und die ihm trotzdem alle Ausflüge und Übertritte in andere Ordnungen und bildschaffende und betrachtende Bereiche ermöglicht.

Dass der Interrealismus sich nicht auf den Raum vor und auf der Leinwand beschränkt, sondern in gewisser Weise auf das ganze Leben des Künstlers Einfluss nimmt, zeigte Iskin in seinem großangelegten Projekt *Arturbating* [→ S. 13 ff], das Anfang 2020 in Vorbereitung auf die Ausstellung zum Kaiserringstipendium im Mönchehaus Museum Goslar stattfand. „Die Ursache liegt in der Zukunft“, mit diesem Beuys-Zitat, das auch als Ausstellungstitel herhielt, schuf Iskin eine multimedial und auf mehrere Wochen angelegte Performance, an deren Anfang die Arbeit an neuen Malereien für die Schau in Goslar stand und deren situative Endform er schließlich in die dortigen Räume übertrug, um den statischen Zustand des Formats Ausstellung außer Kraft zu setzen. Sechs Wochen lang verlegte Alexander Iskin seinen Lebens- und Arbeitsraum in die Galerie Sexauer in Berlin, rudimentär ausgestattet mit dem Nötigsten: einem Bett, Schreibtisch, ein paar Sitzmöbeln, vielen Büchern und seinen Arbeitsutensilien. Drei Kameras filmten ihn acht Stunden am Tag bei seinem Tun, aus festen Einstellungen, die je 15 Sekunden aufzeichneten, per Livestream konnte jede*r ihn dabei beobachten und per Chat mit ihm in Dialog treten, über dies und das mit ihm „sprechen“ oder auch aktiv in die Bildgestaltung eingreifen, kompositorische Wünsche oder Ratschläge abgeben. Doch auch die reale Interaktion mit Menschen und Betrachter*innen war Teil des Projekts: Ganz im Sinne des erweiterten Kunstbegriffs von Joseph Beuys konnten Besucher*innen an der Entstehung des Projektes teilhaben, wenn sie etwas mitbrachten – lebenserhaltende Gaben in Form von Nahrung, die sie an einer markierten Stelle im Raum überreichen durften. Als Iskin mit dem Projekt begann, war die Corona-Pandemie noch nicht nach Europa übergeschwappt, die freiwillige Selbstisolation, die wenige Wochen später zum bestimmenden Thema wurde, noch weit entfernt. Als die acht Wochen, auf die das Projekt ursprünglich angelegt war, vorbei waren, befand sich die Umwelt außerhalb der Galerie im Lockdown und Alexander Iskin verlängerte die Isolation um weitere Wochen. Mit der Zeit kehrte die erzwungene Ruhe auch in die Malerei ein, der Aktionismus wurde abgelöst von langen Phasen der Kontemplation, der Drang, etwas produzieren zu müssen wurde weniger. Am Ende entstanden in der Zeit „nur" vier großformatige Bilder, aber 40 Terrabyte Daten. Im Mönchehaus Museum schließt sich der Kreis, der mit den Vorüberlegungen zu *Arturbating* in 2019 begann. Der Zustand des letzten Tages der Performance wurde 1:1 in den Ausstellungsraum übertragen, der momenthafte Ausschnitt einer digitalen Übertragung in den musealen Raum mit seinem Ewigkeitsanspruch versetzt – interrealisiert. Alexander Iskin, der sonst alle paar Monate den Ort wechselt und in anderen Städten oder Ländern arbeitet, konnte hier schon einmal vorfühlen, was es heißt, Bilder zu malen, wenn die äußeren Einflüsse fehlen – der konzeptuelle Rahmen gab den Anstoß für die Malerei.

‘Even though we are unable to conceive of the consummate harmony, the absolute equilibrium in space, everything in space is nevertheless subject to the laws of this harmony, this equilibrium. It is the artist’s job to uncover this hidden harmony, this universal equilibrium in things and to shape it, to reveal its principles and so forth. The (truly exact) artwork is an allegory of the universe with artistic means.’ [Theo van Doesburg, 1921/22]

When astronauts look down to Earth from space for the first time, they experience a spectacular sensation, known as the ‘overview effect’. In the eponymous book by Frank White, published in 1987, various astronauts describe the unforgettable impression that lastingly changed their life and their view of the world along with its inhabitants as a result of taking in a new perspective. For Alexander Iskin the book led to a cognitive shift within his painting. There are some such moments in the past nine years when his art took a new direction, where old ideas were replaced by new ones and words – read or spoken – triggered a rethinking in his painting. His painting *Tierkreis* (Zodiac) [Fig. 1] illustrates what the overview effect set in motion in him. Areas of colour and primed brushstrokes circulate on a square base around a centre or they are pushing their way out of it, set in motion like a centrifuge. Blue collides with yellow and orange, everything flies apart, swirls, produces a suction in which the eye seeks a top or a bottom, something to hold on to where everything comes to rest to no avail.

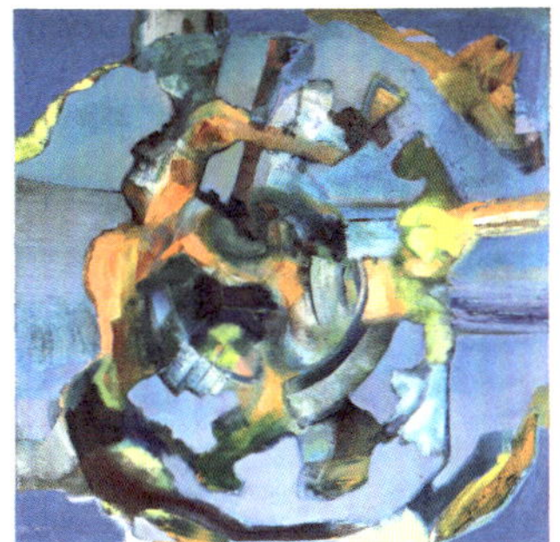

Fig. 1
Tierkreis, 2018
[→ p. 103]

Instead of painting the picture on the wall or on an easel with a set perspective and direction that is prescribed by the position of the canvas as he would previously have done, he painted it with the canvas lying on the ground. With an overview from above, but worked from all sides equally and in tandem, every side is a ‘right’ side, the composition must be harmonious and in balance from every perspective. Capturing the Earth in its entirety and surveying it is just as impossible as the attempt to paint it in its entirety. Even from space only one aspect reveals itself; a different meaning presents itself from every angle and something else shifts into focus. This universal thought can be broken down on the small scale to the picture, which – as openly as possible – lingers in a floating state.

The need for constant transformation and shifts in perspective, a not wanting to be pinned down to one dimension, which Iskin created as a result of his own rotation around the canvas in *Tierkreis*, pervades his work like a quiet audio track in the background. Before he lets himself get too comfortable, in his art but also in the place that is his living and working environment for that particular phase, he lets himself be drawn into another direction. It is the constant search for external influences that have not yet become routine that challenge our gaze and cause us to rethink our own place in the world and in painting. And just like he limits himself as little as possible in his work and leaves all directions open, he opens up ever new accesses in his pictures, he cedes the space to the viewers where they have to find their way, led by their individual visual memory. A title such as *Ungarischer Elefantentanz* (Hungarian Elephant Dance) [Fig. 2] is no entryway; instead it is a cryptic message with which Iskin transports the feeling present at the time the picture was created in order to be able to put himself back in that mood at a later date. In this case he leaves red arrows on the canvas for the viewer, which immediately jump out at us and which take us on a treasure hunt through the blueish-violet depths of the painting. Left, right, no, left again – it does not reveal itself what wants to be seen first, since there is no centre no most important or primary thing here either. The arrows seem more like they point to a path out of the picture than through it, connecting layers and inner spaces and represent the dynamism that develops between the painted reality and the external one surrounding it.

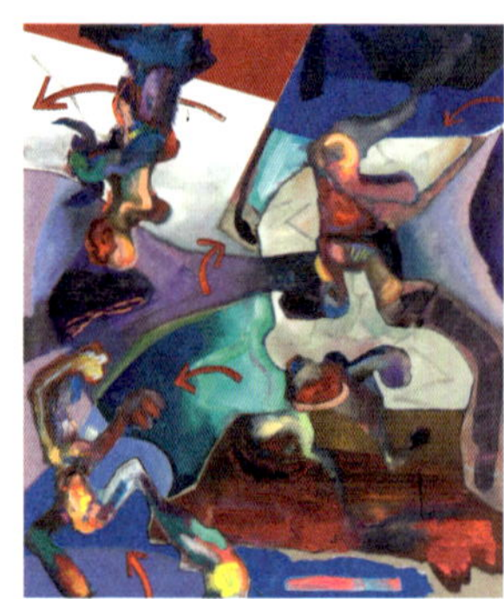

Fig. 2
Ungarischer Elefantentanz, 2016
[→ p. 132]

Something is hinted at in this picture for which Iskin first had to find a name, thereby unashamedly declaring a new artistic genre: interrealism. The term describes the intermediate state between the analogue and digital world in which we are today: in a present that stands with one leg in a world of digital connection and machines that replace people, and with the other does not yet quite want to leave the field of the analogue, haptic, physical past. *More tomorrow than yesterday* [Fig. 3] is the title of a picture whose creation slots into the genesis period in interrealism. On a canvas splintering into several individual spaces or units shadowy figures move through a simultaneity that has left every claim to a linear narrative behind. The figure dissolves into a blur through its motion, and like in the photographic predecessors to motion pictures produced by Eadweard Muybridge it leaps through the picture, is in several locations at the same time, transcending through the spaces. The hybridity of states is also present in the treatment of the canvas, which has not been grounded in some places, left as pure fabric, and which has then been permeated with an extensive, translucent acrylic layer and finally with thick and luminous oil paint. Iskin does not hide his role models from art history; a hint of Francis Bacon moves quite naturally through the picture – and why not? It is a trace from the history of painting that Alexander Iskin brings into his picture here as a fragment, an echo, not so much as an homage but as a scintillation that inspired him to look at painting in a new way – ergo more tomorrow than yesterday.

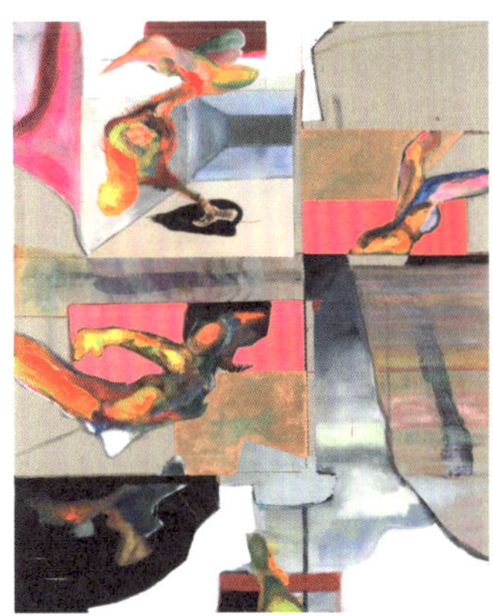

Fig. 3
More tomorrow than yesterday, 2016
[→ p. 111]

The standing between the worlds that his painting promises is something Alexander Iskin also embodies through his biography. Born in Moscow in 1990, Iskin grew up in (West) Germany on the eastern edge of Lower Saxony close to the former inner-German border one year after the collapse of East Germany and the Soviet Union. He has not been back to the home of his parents and ancestors since his emigration; his socialisation is German, even though Russian was spoken in the home. As a child of 'generation Y', a millennial, Iskin grew up in an analogue childhood that transitioned into a digital youth. Neither the one nor the other is alien to him. His profound occupation with the changing of the world, with the mechanisms of social networks and with the possibilities of artificial intelligence, but also with the history of modern art, with literature, philosophy and music are expressed in his oil paintings, a medium that is both rich in tradition and one that never runs dry. Even though Iskin sometimes dives into other disciplines, gives performances, works in space, writes, makes films and sculptures, the basis, the starting and finishing point is always painting – his mother tongue, as he calls it. It offers him the greatest-possible breadth, a boundless openness in which everything is possible. The rupturing and colliding of realities discharges itself in the painterly gesture.

With the awareness for the interrealities Iskin liberates his work a little further from the rigid attributions that all already have a name and that orient themselves on something extant. In response to the ever improving (in the sense of picture clarity and 'reflecting reality') digital screens he reconstructs flatscreen televisions, Apple monitors and iPhones that have had their slick glass screen replaced by a painting. The *uFame* [Fig. 4] in the guise of an iPhone and the *iPaint* in reference to an iMac reduce the formal Apple templates purely to their iconic design, their existence as status symbols, whose form following function it is to frame the painted picture. The large-format diptych Interreality Film Presents, arranged in the middle of the room, goes one step further. With the two-part picture panel, which references both a medieval winged altarpiece with a closed scene as well as a minimalist, albeit overdimensional flatscreen TV, Iskin depicts the most rudimentary and simplest form of the motion picture: two freeze frames that are placed next to each other and follow each other – a picture story whose narrative is generated in the individual observation. The transition of realities, as pictures leaving their frame, not belonging to this world or the other, a space between, inter.

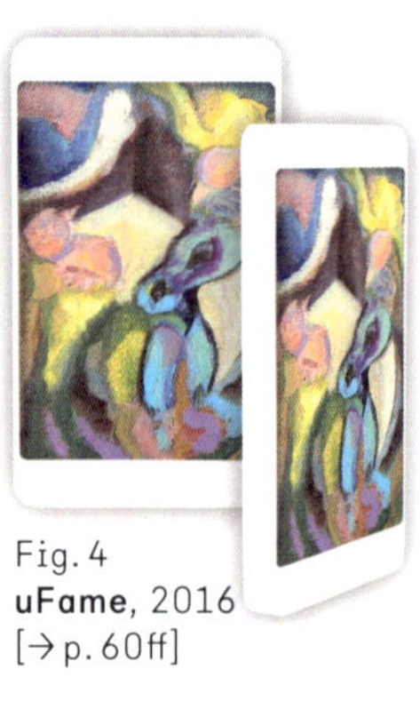

Fig. 4
uFame, 2016
[→ p. 60ff]

In his book *Das Unbekannte in der Kunst* Willi Baumeister writes about 'painting's own inherent forces that assert themselves on the pictorial plane'. These forces allow the picture to become a unit, a 'body', that is not observed; instead, it only comes into existence as it is seen. The painter makes something visible 'that was not previously present, that belonged to the unknown'. Alexander Iskin's pictures contain much that was already present previously; they are not created in an aesthetic vacuum but from a constant background noise of impressions, events, pictures, streams, and conversations in the present. They are neither depictions nor afterimages, documents or snapshots; they are 'bodies' that exist in their own right and that feed from the environment, the place and time of their creation.

The idea of the picture as a body, a unit, that is only created when observed becomes particularly tangible in the group of works entitled *Iconic Turn Paintings* [Fig. 5] from 2019 onwards. Here, Alexander Iskin turns the inner movement of the canvas, which he began in *Tierkreis* with the base of the picture lying on the ground around in the simplest manner possible: he now rotates the picture on the easel, while the artist can remain in place. With their square starting shape the canvases are already the same from all sides in their unpainted state. During the painting process Iskin works on it from all possible perspectives at the same time – every angle must also 'work' upside down, let itself be flipped on to the side or rotated diagonally around its own axis and still produce a picture that is harmonious within itself. Infinitely many perspectives are possible, ones that can be influenced and paused by the viewers themselves by them turning the picture further, smoothly and little by little. The overview effect, the view from above of the picture as a whole still will not permit the viewer to behold it as a whole. It is impossible to bundle all the possible perspectives in one look. Iskin gives painting, in all its two-dimensionality, a quality here that is usually reserved for three-dimensional art – sculpture – namely that of multiple viewability with which a temporal layer supplements the work. This differs from the temporality of multiple viewpoints as has been described for Cézanne for example, where the viewer takes them in simultaneously. When Willi Baumeister speaks of a 'heightening of movement' with regards to modern non-objective art, 'with which a time substance is introduced to the artwork as it were', then this time substance is heightened here once more, because when the picture wants to be seen in its entirety, it does not just require the gaze to move over the canvas, but also the active movement and participation of the viewer himself/herself.

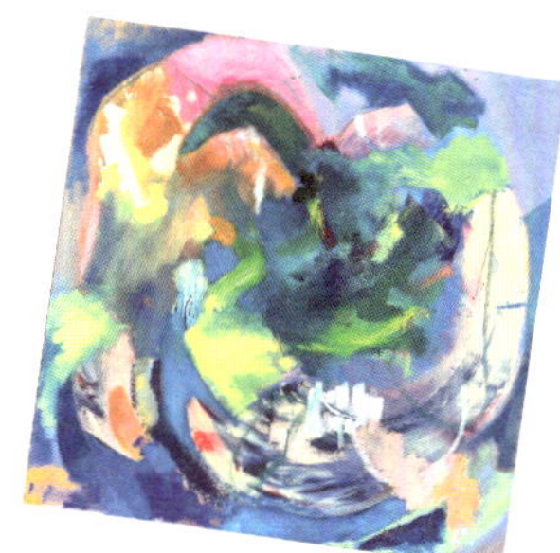

Fig. 5
Iconic Turn Painting, 2019
[→ p. 72/73]

Here too, Iskin reacts to the experienced digital reality in which the attention span becomes shorter and shorter, the willingness to look at something statically, potentially for several precious seconds or even minutes, without at the same time wishing to do something else, diminishes, where pictures are clicked and scrolled past, swiped aside with a finger and new images are presented while still viewing the old. The active, moving image, in our current viewing habits, has outstripped its static counterpart; it generates more likes, more clicks, a bigger reach. All these phenomena play a role in the genesis of the *Iconic Turn Paintings*, not because they are to replace or trump others, but because once painted they capture social developments and changes.

Alexander Iskin abstracts the idea of the iconic turn, the turning from word to picture, which was founded by Gottfried Boehm in 1994, to the literal, with an emphasis on 'turn' – the moment of turning. The question arising within the context of the iconic turn, 'What is a "Bild" [German for 'picture' and 'image']?', which focuses on the vocabulary connected to 'Bild', such as 'image' and physically extant 'pictures', for which there are no suitable counterparts in German, we can go on to say: what remains of the 'Bild' when it is moved? Does the material picture, in its momentary alignment, supersede the mentally forming, associating image, or does this image that we make out in the Bild live on in the framed picture, when it takes on a new guise through the turn?

With his interrealistic age Alexander Iskin heralds his own discipline within Bildwissenschaft [lit. the study of pictures/images], in which he can bundle his work from hereon in and which nevertheless affords him excursions and transgressions into other orders and areas of picture/image creation and observation.

The fact that interrealism does not limit itself to the space in front of and on the canvas, and in some ways influences the artist's entire life, was demonstrated by Iskin in his large-scale project *Arturbating* [→ p. 13ff], which took place in early 2020 in preparation for the exhibition for the Kaiserring scholarship in the Mönchehaus Museum Goslar. 'The cause lies in the future' – with this Beuys quote, which also lent itself as the exhibition title, Iskin created a multimedia performance that was designed for a multi-week run. It began with the work on new paintings for the exhibition in Goslar; he ultimately transferred their situational finished form into the venue spaces in order to invalidate the static state of the exhibition format. For six weeks Alexander Iskin moved his living and working space into the Galerie Sexauer in Berlin, which was rudimentarily equipped with the basics: a bed, a desk, a few items to sit on, many books and his working utensils. Three cameras filmed him going about his day for eight hours in every 24-hour period; they recorded 15 seconds at a time and per livestream everyone could watch him and enter into a conversation with him by chat and 'talk to him about this and that or actively intervene in the creation of the picture, make compositional requests or give advice. But even these real interactions with people and viewers were part of the project: wholly in the spirit of Joseph Beuys's extended understanding of art, visitors were able to participate in the creation of the project if they brought something with them – life-giving goods in the form of food, which they were allowed to hand over in the marked spot in the room. When Iskin started on the project the coronavirus pandemic had not yet made its way to Europe; the voluntary self-isolation that became the dominant subject a few weeks later was still far away When the eight weeks that the project was originally intended to run for were up, the world outside the gallery was in lockdown and Alexander Iskin extended his isolation by a few more weeks. Over time the forced tranquillity also found its way into his painting; the actionism was replaced by long phases of contemplation and the urge to have to produce something became less. By the end of it he 'only' created four large-format pictures, but 40 terabytes of data. The circle that began with the preparatory thoughts for *Arturbating* in 2019 closes in the Mönchehaus Museum. The state of the last day of the performance was transferred 1:1 to the exhibition space, the snapshot of a digital transfer moved into the museal space with its claim to eternity – interrealised

Alexander Iskin, who usually changes location every few months and works in other towns or countries was able to try out here what it means to paint pictures when the external influences are missing – the conceptual setting provided the impetus for his painting.

Malerei ist meine Muttersprache

Painting Is My Mother Tongue

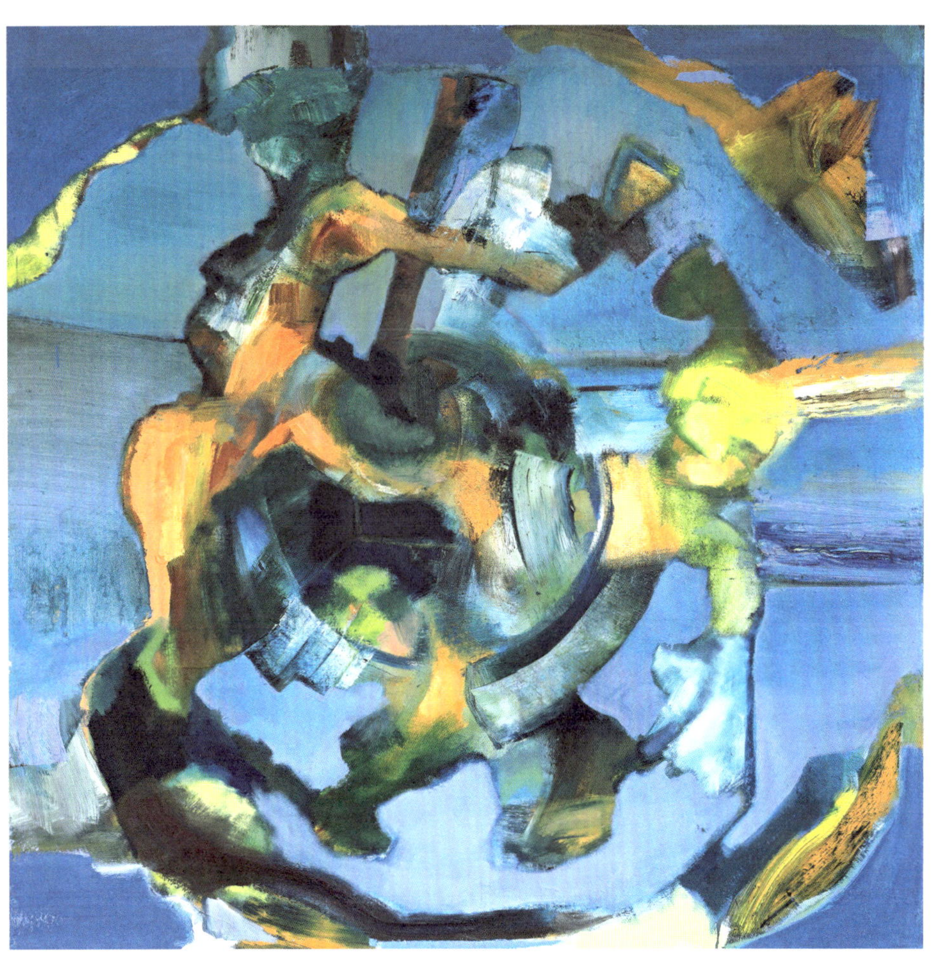

Tierkreis, 2018
Öl auf Leinwand, 150 × 150 cm
Oil on canvas, 59 × 59 in

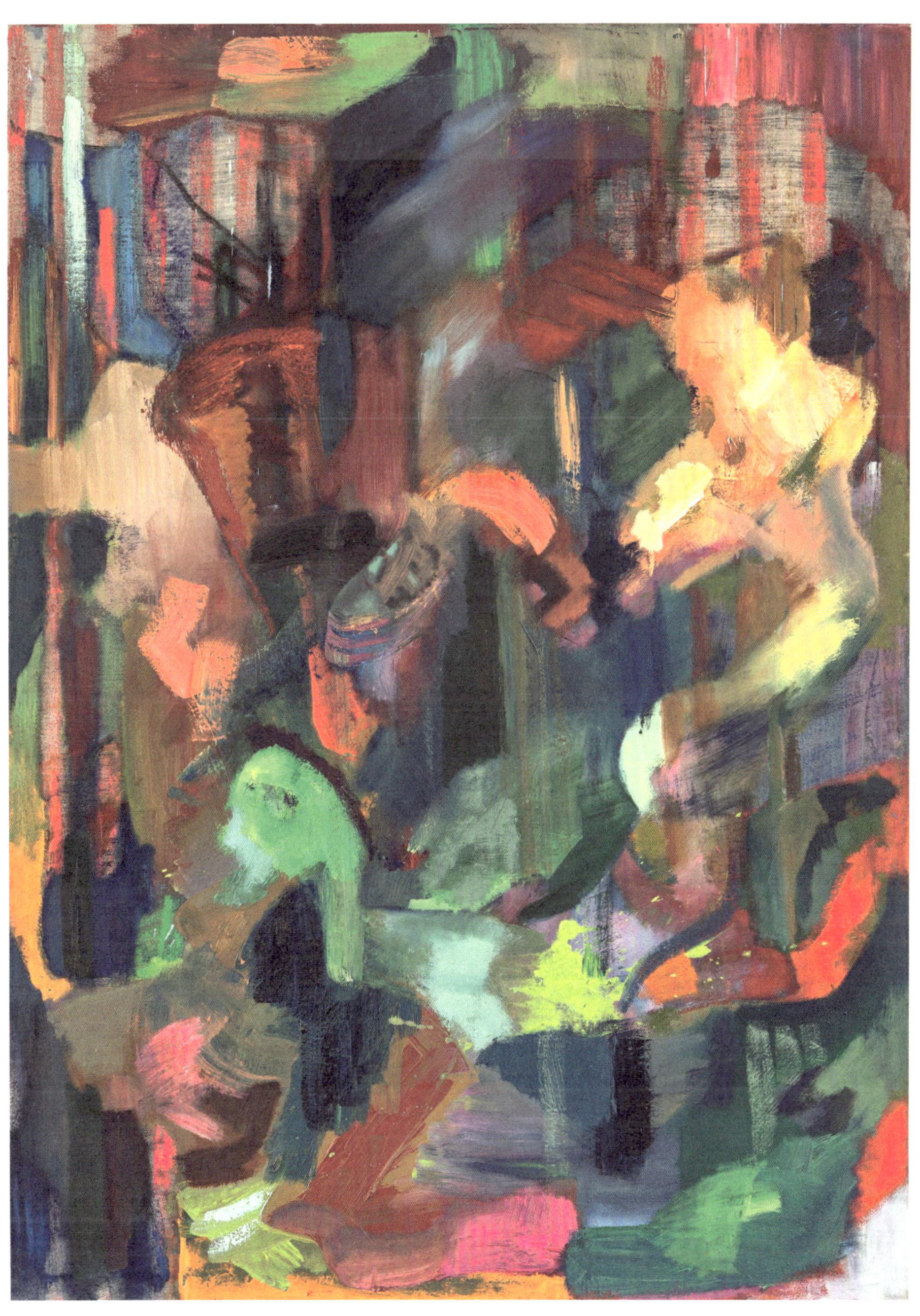

Die Ursache liegt in der Zukunft, 2020
Öl auf Leinwand, 140 × 100 cm
Oil on canvas, 55 × 39 ⅓ in

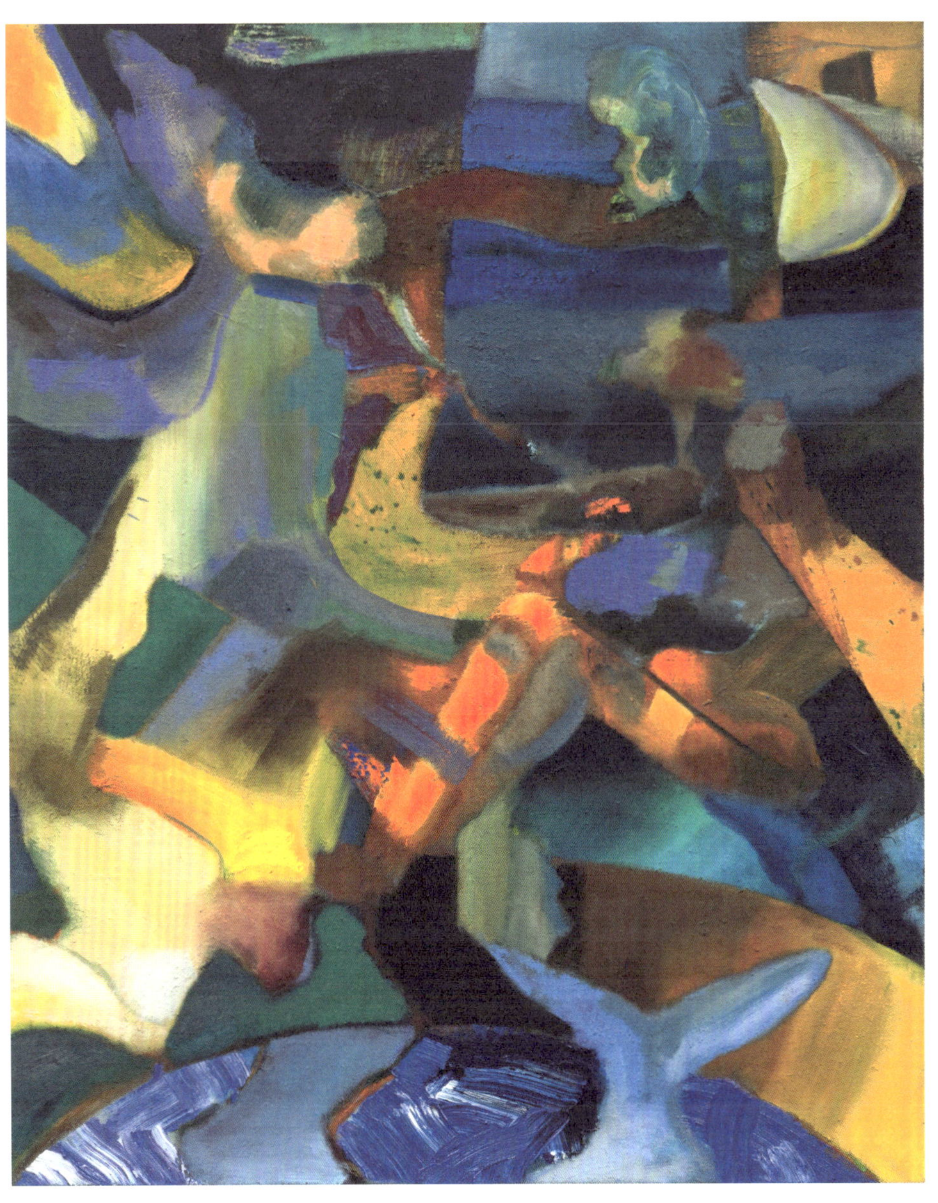

Galexi 2, 2018
Öl auf Jute, 150 × 120 cm
Oil on jute, 59 × 47 ⅓ in

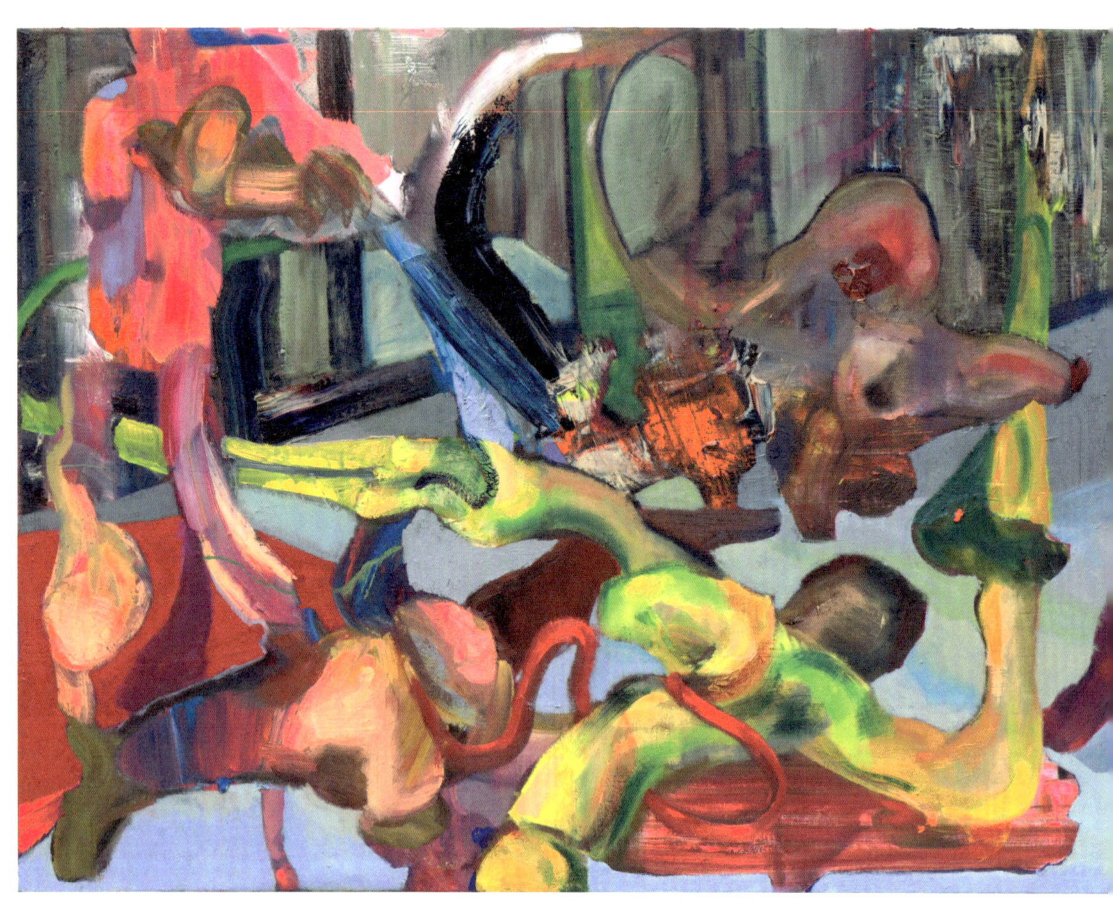

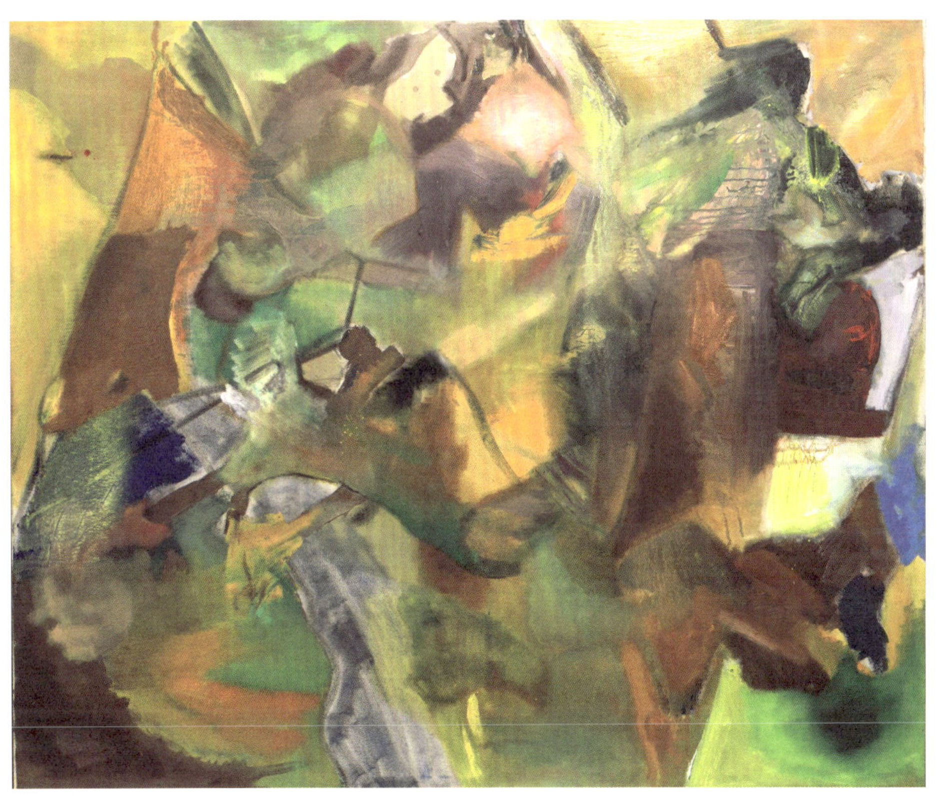

↖ **(R)Evolution**, 2016
Öl auf Leinwand, 140 × 180 cm
Oil on canvas, 55 × 70 ¾ in

↑ **Kibera 1**, 2019
Öl auf Leinwand, 150 × 180 cm
Oil on canvas, 59 × 70 ¾ in

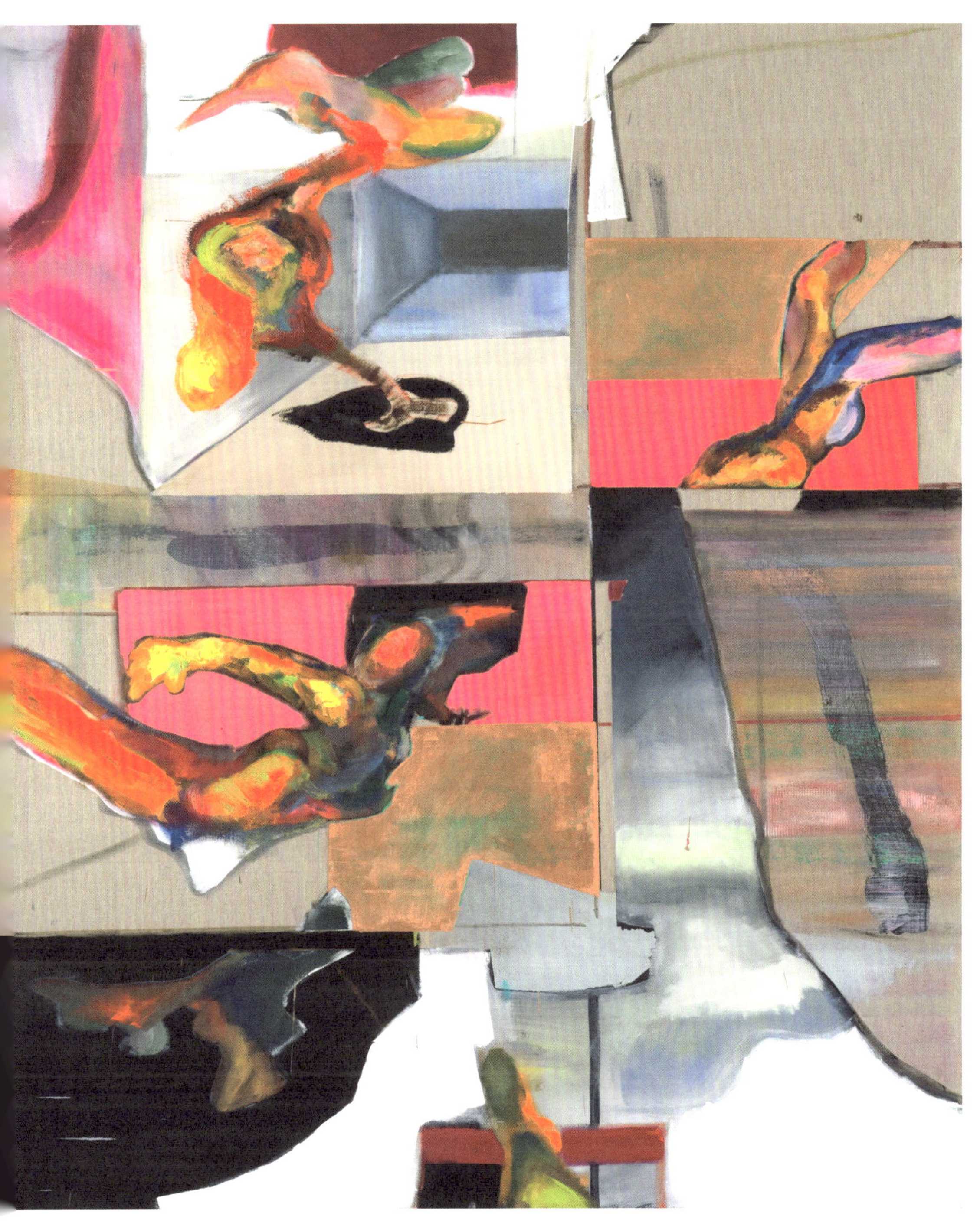

More tomorrow than yesterday, 2016
Öl auf Leinwand, 220 × 180 cm
Oil on canvas, 86 ⅔ × 70 ¾ in

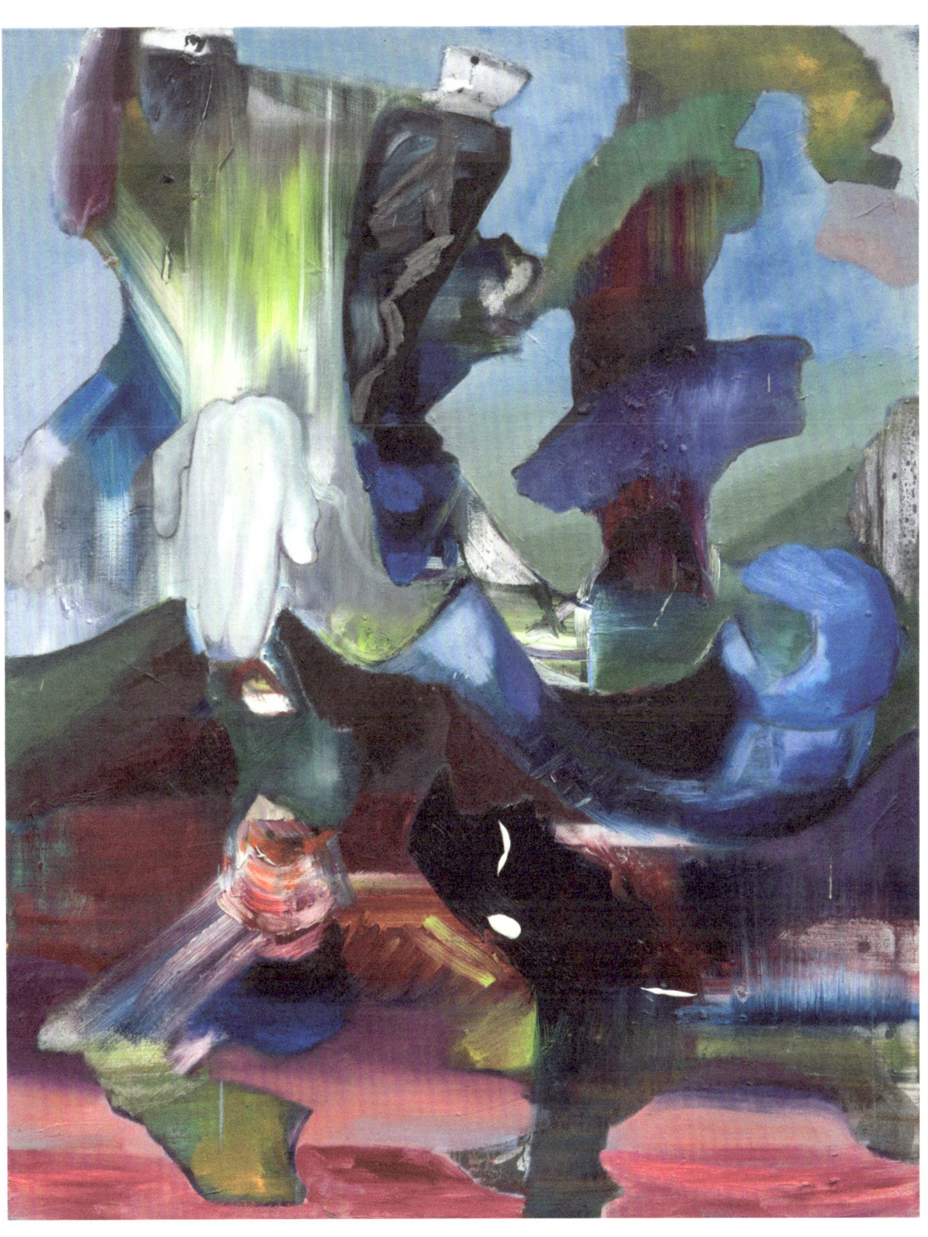

4 Leiber der Rudolf Steiner, 2018
Öl auf Leinwand, 180 × 140 cm
Oil on canvas, 70 ¾ × 55 in

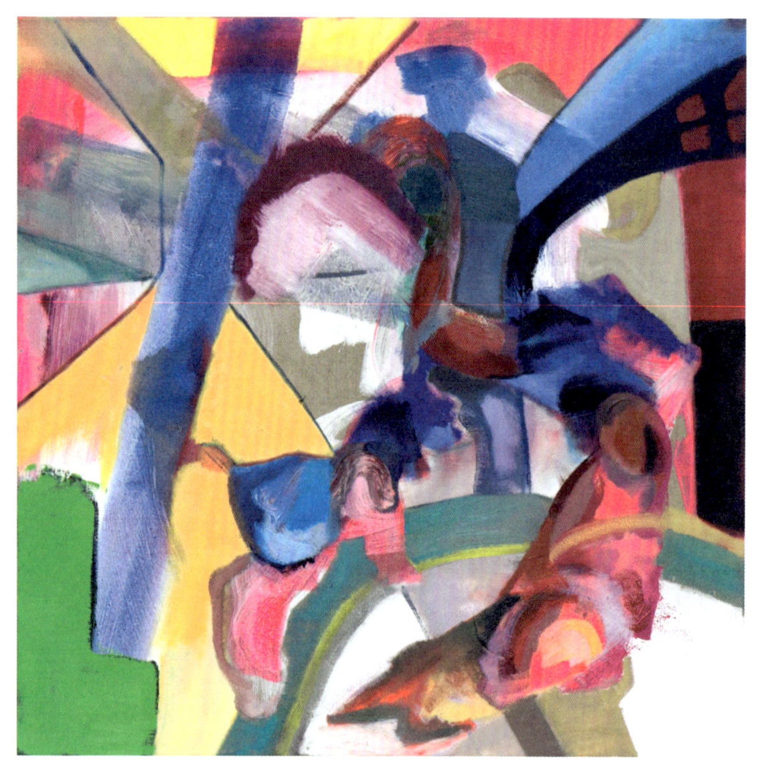

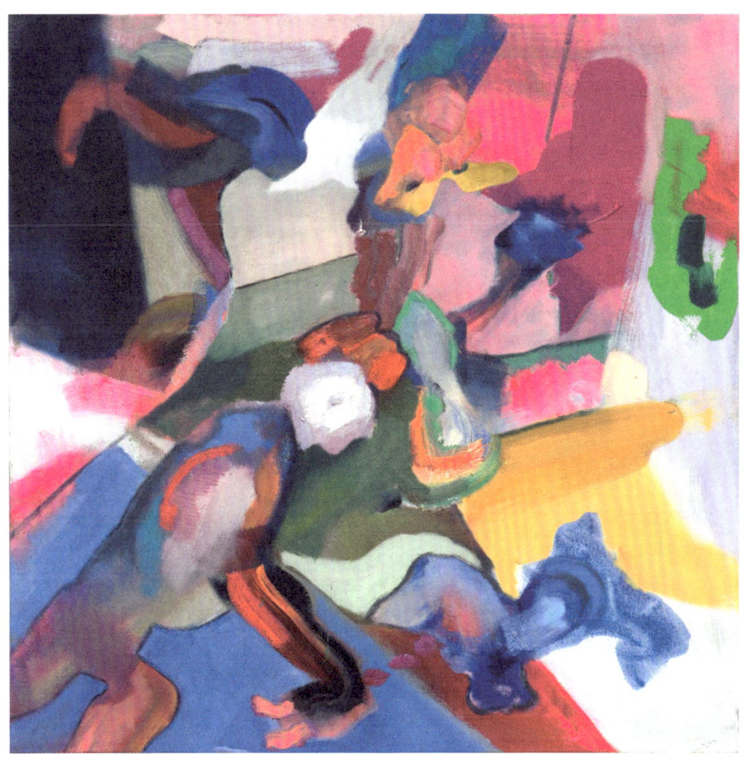

↖ **Artemis**, 2017
Öl auf Leinwand, 100 × 100 cm
Oil on canvas, 39 ⅓ × 39 ⅓ in

↑ **Früher war mehr Lametta**, 2017
Öl auf Leinwand, 100 × 100 cm
Oil on canvas, 39 ⅓ × 39 ⅓ in

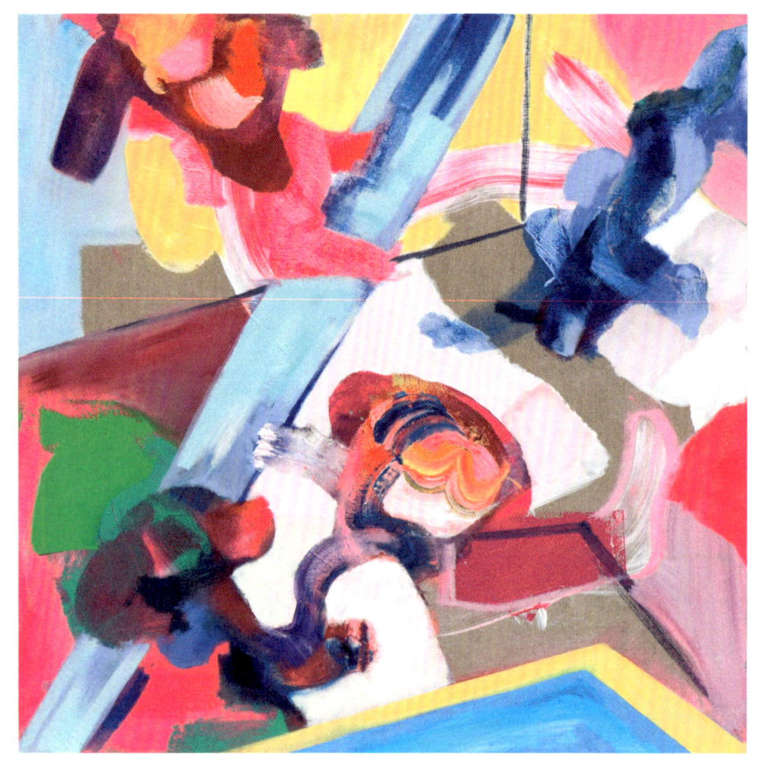

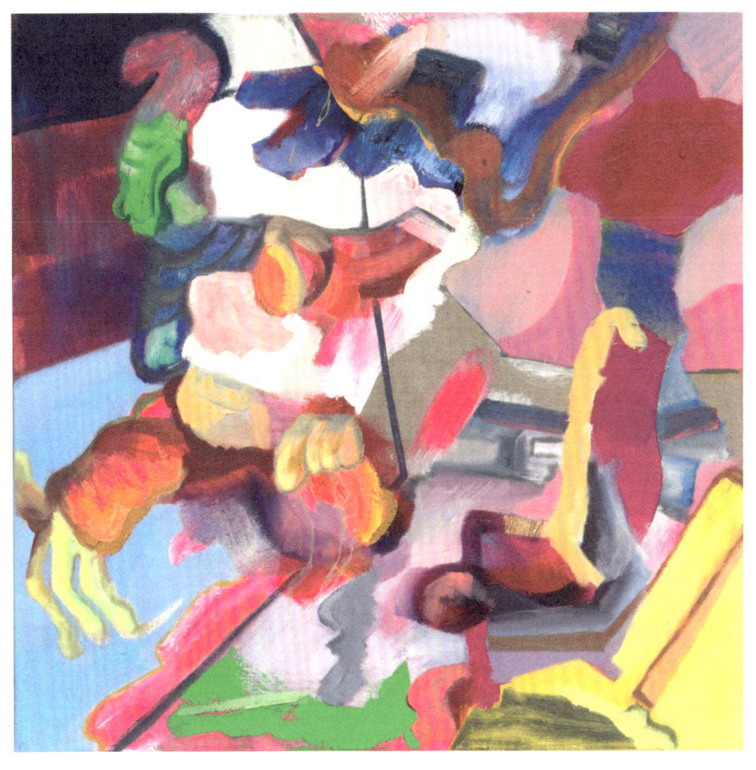

↖ **Emotion Pool**, 2017
Öl auf Leinwand, 100 × 100 cxm
Oil on canvas, 39 ⅓ × 39 ⅓ in

↑ **Engel ELVIS**, 2017
Öl auf Leinwand, 100 × 100 cm
Oil on canvas, 39 ⅓ × 39 ⅓ in

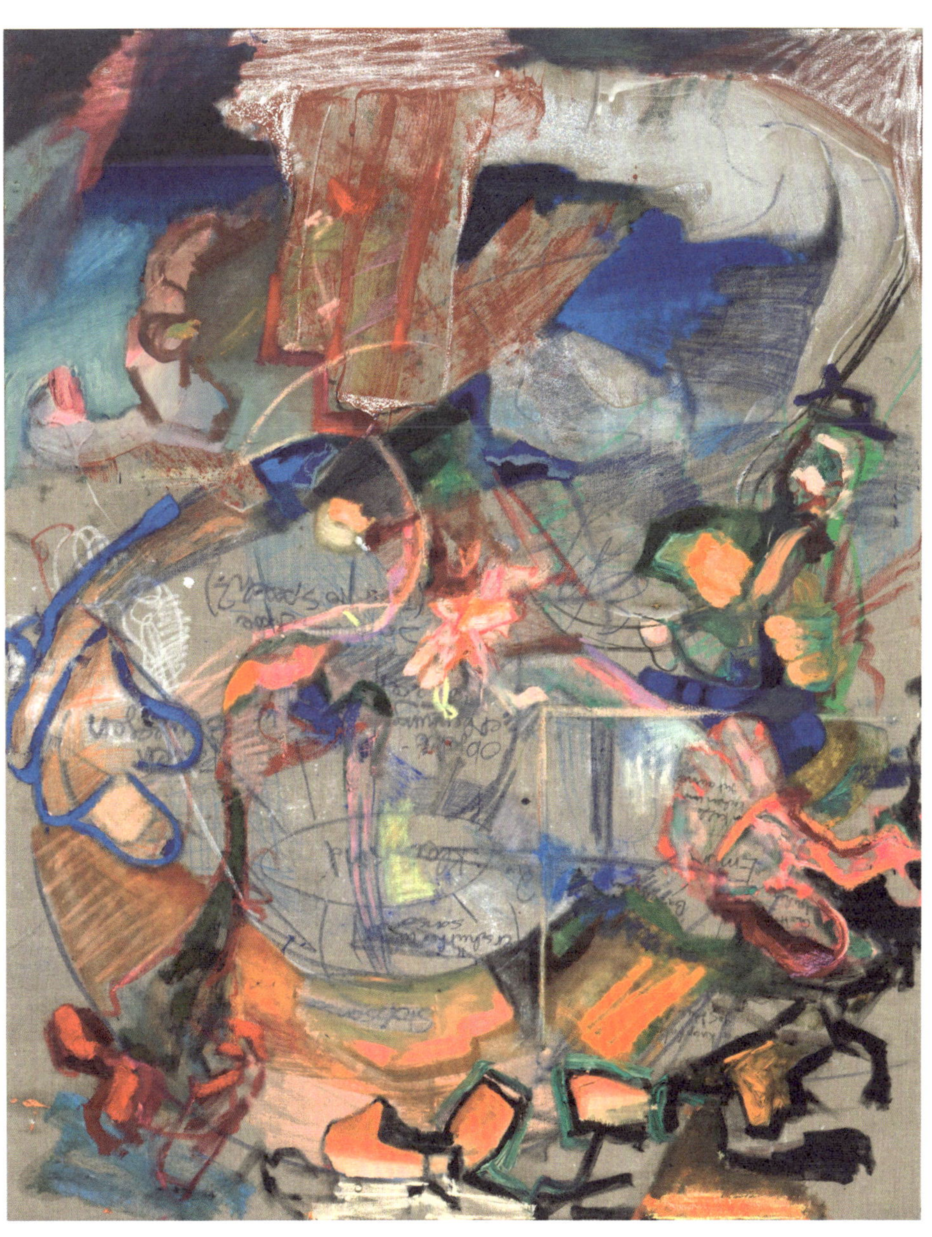

From Fantasy to Fantasy, 2020
Öl auf Leinwand, 180 × 140 cm
Oil on canvas, 70 ¾ × 55 in

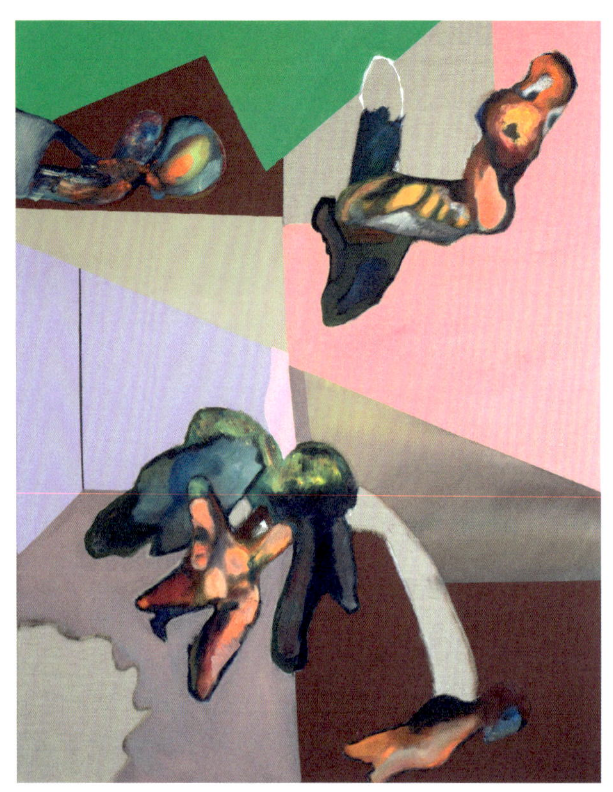

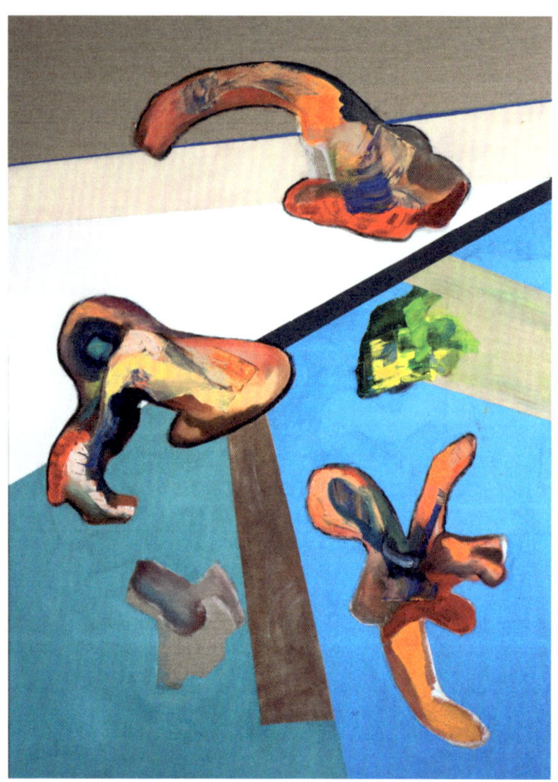

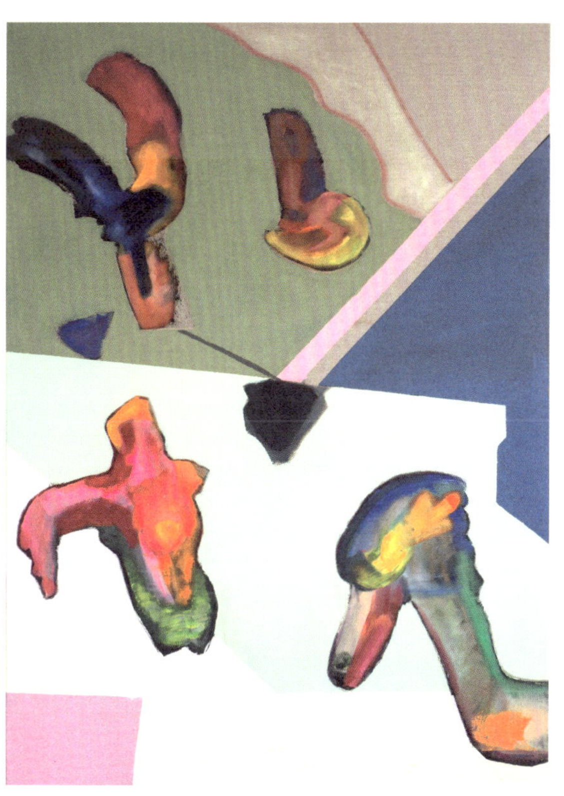

↖ **Inter 3**, 2015
Öl auf Leinwand, 180 × 140 cm
Oil on canvas, 70 ¾ × 55 in

← **Inter 1**, 2015
Öl auf Leinwand, 180 × 130 cm
Oil on canvas, 70 ¾ × 51 in

↗ **Inter 2**, 2015
Öl auf Leinwand, 180 × 130 cm
Oil on canvas, 70 ¾ × 51 in

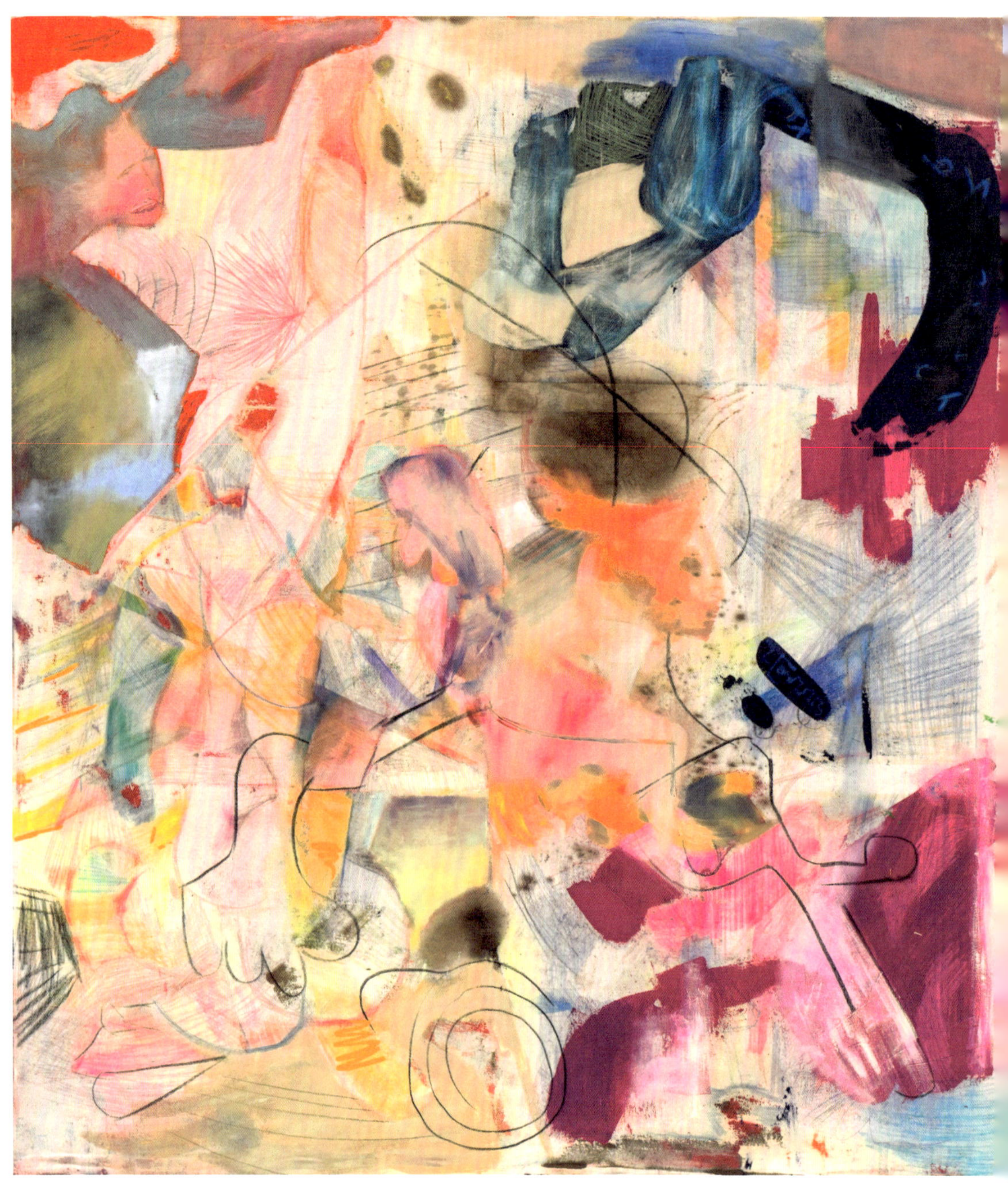

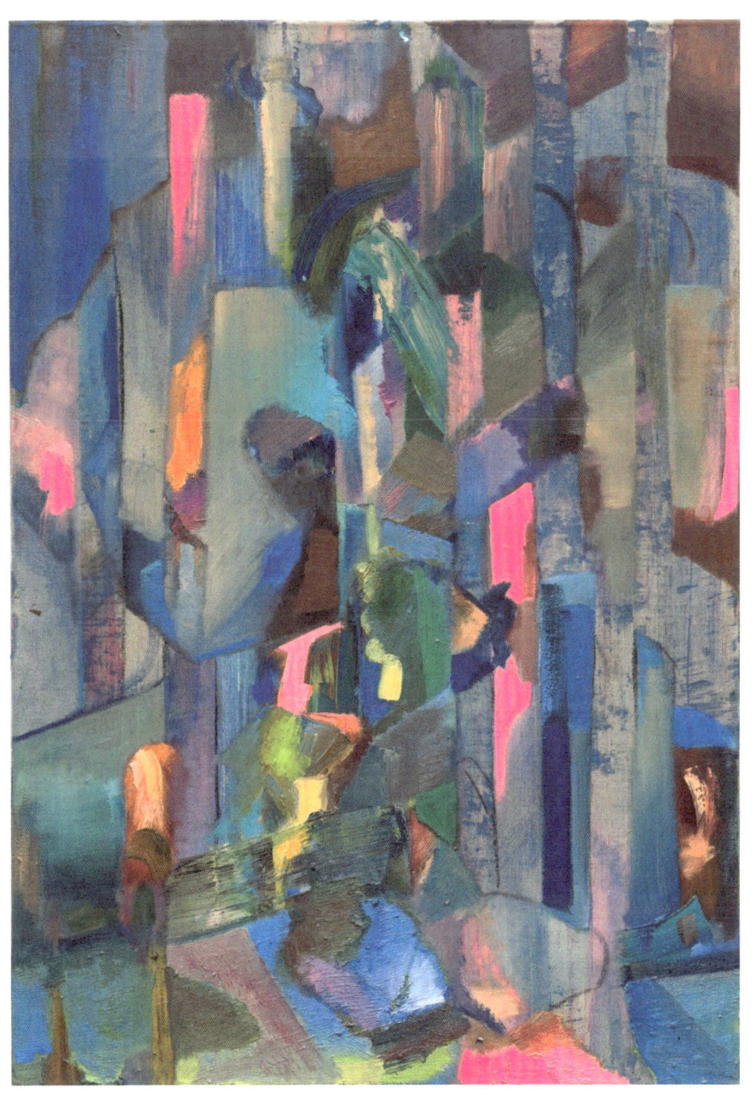

↖ **Arturbating 4**, 2020
Öl auf Leinwand, 230 × 200 cm
Oil on canvas, 90 ½ × 78 ¾ in

↑ **Fenster von hinten**, 2021
Öl auf Leinwand, 140 × 100 cm
Oil on canvas, 51 × 39 ⅓ in

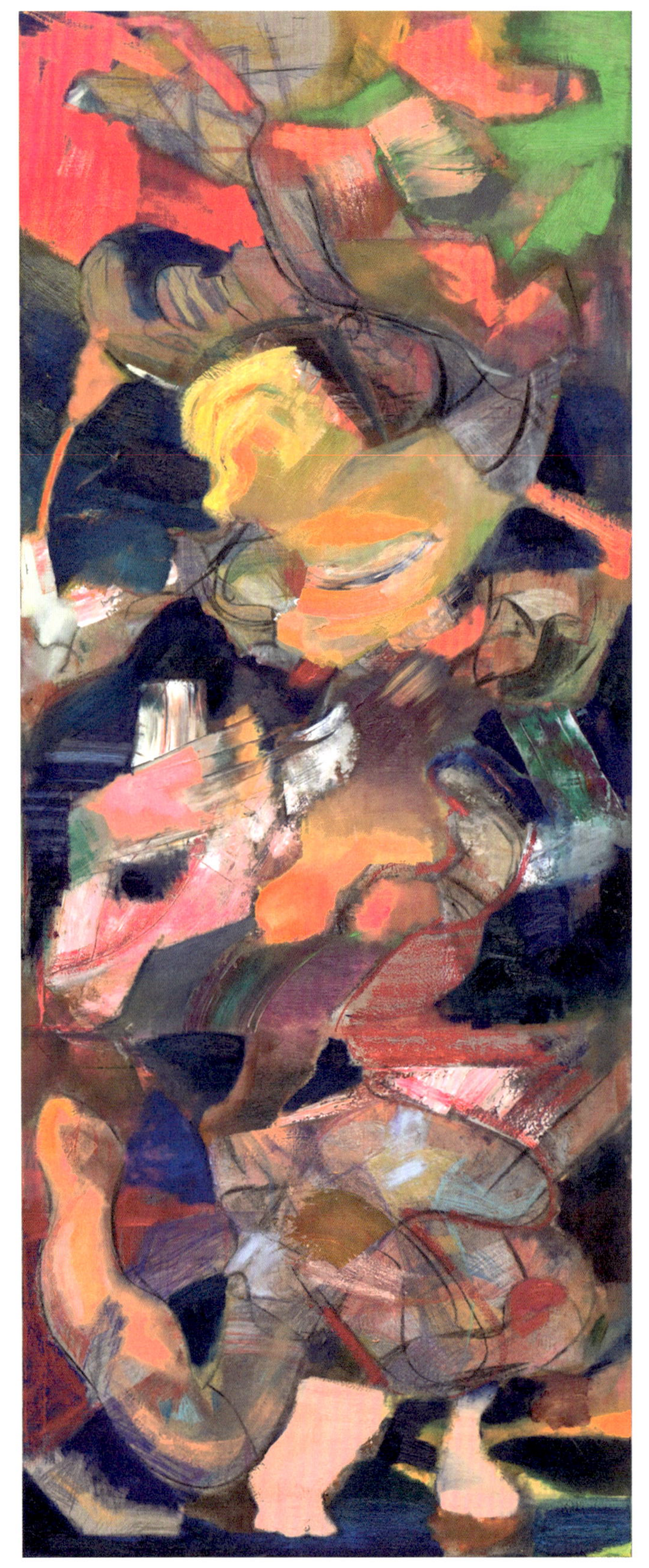

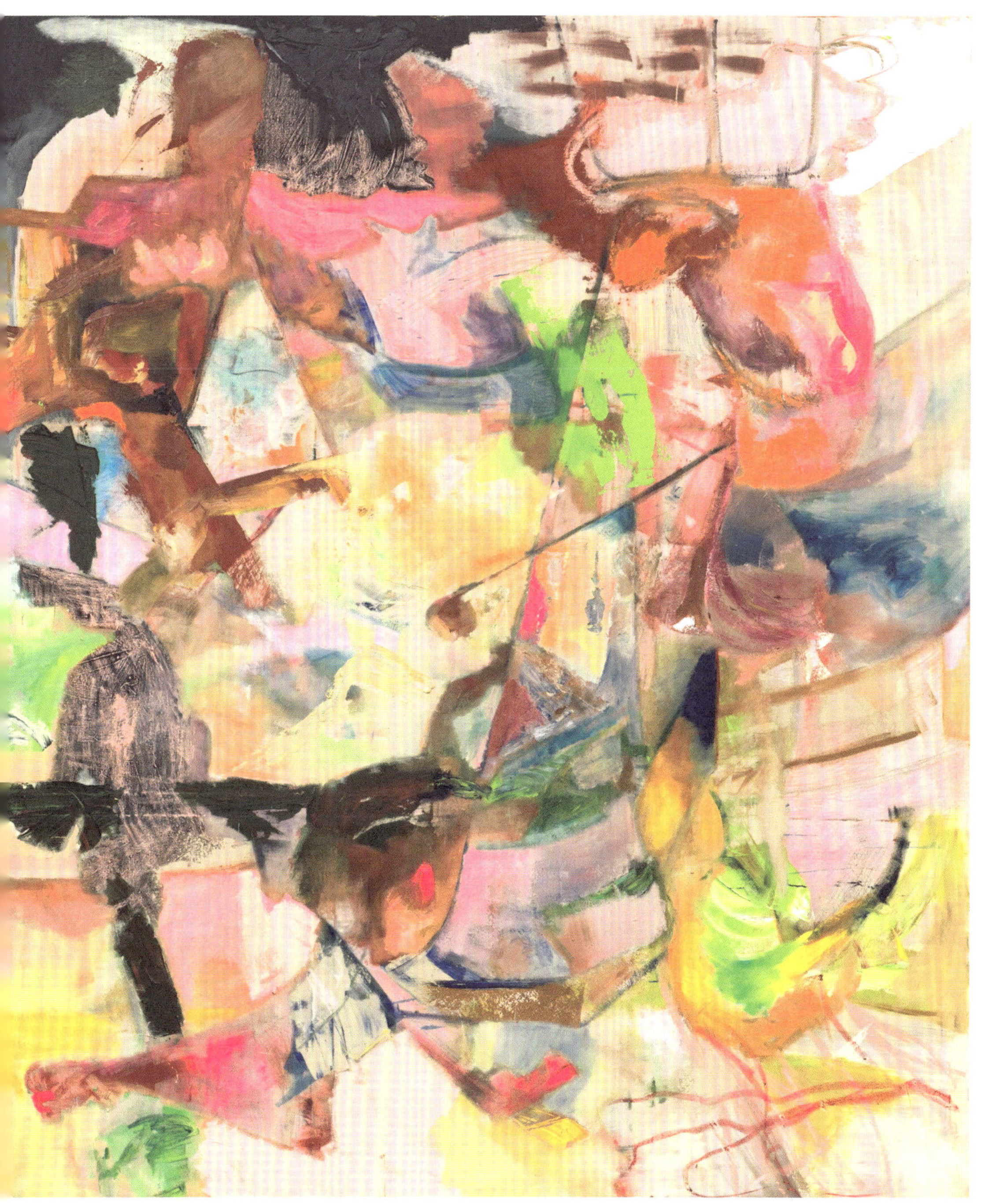

↑ **Arturbating 3**, 2020
Öl auf Leinwand, 300 × 250 cm
Oil on canvas, 118 × 98 ½ in

↖ **Arturbating 2**, 2020
Öl auf Leinwand, 250 × 100 cm
Oil on canvas, 98 ½ × 39 ⅓ in

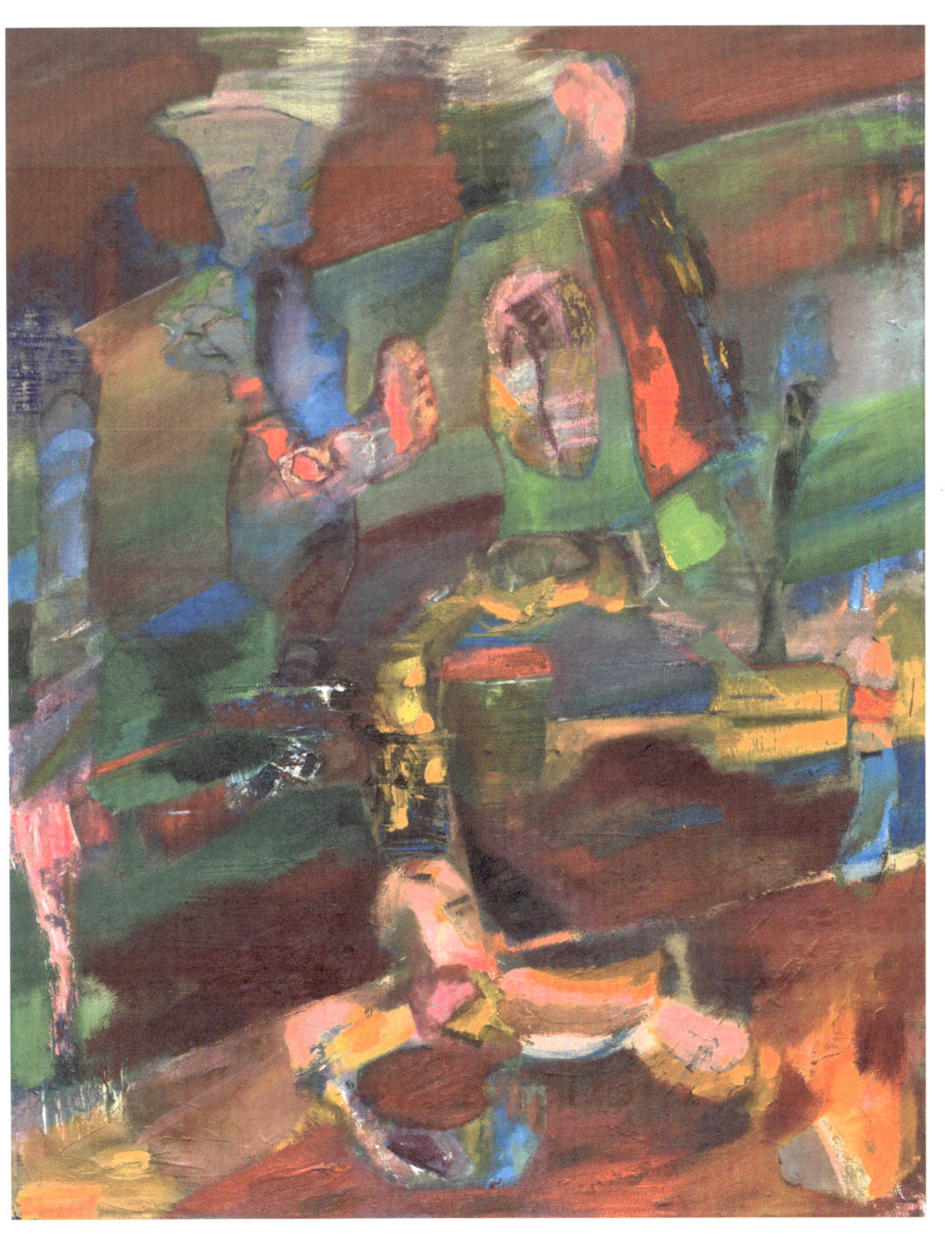

From People to People, 2020
Öl auf Leinwand, 180 × 140 cm
Oil on canvas, 70 ¾ × 55 in

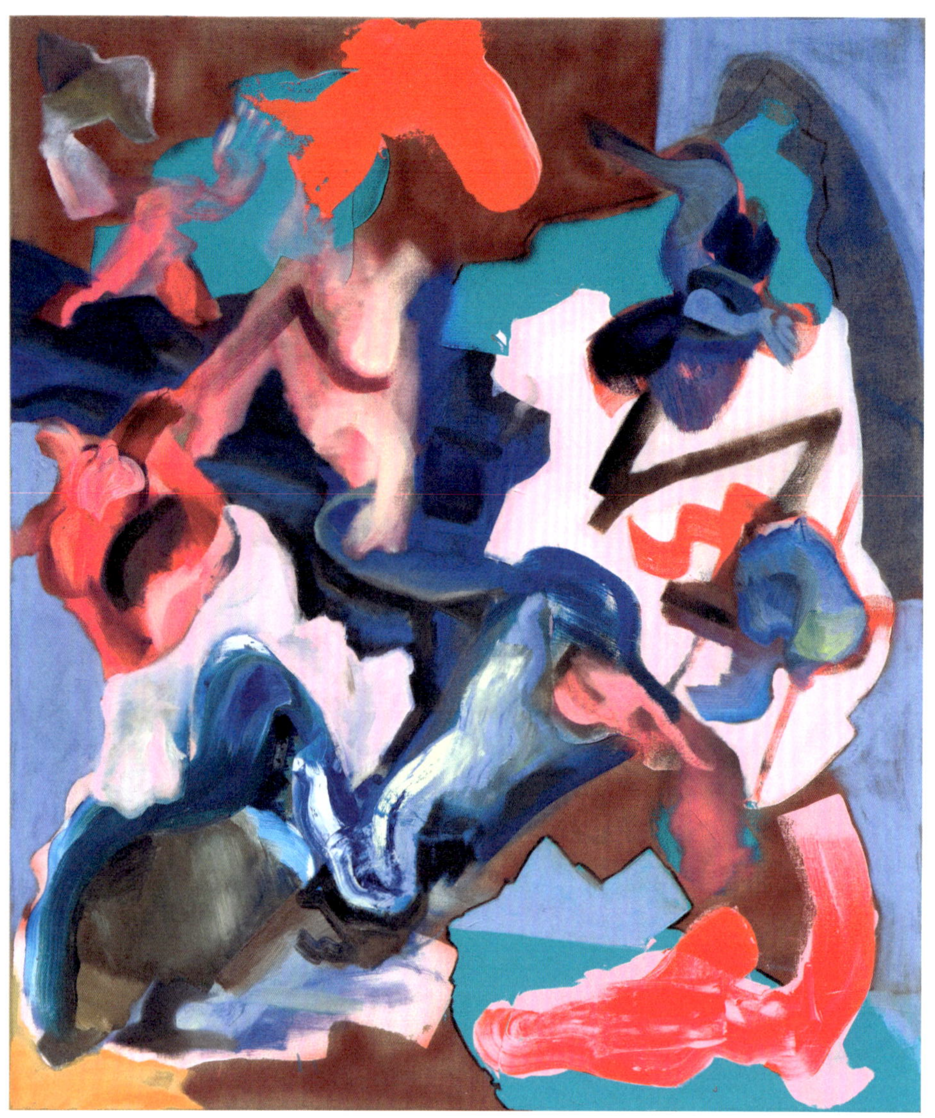

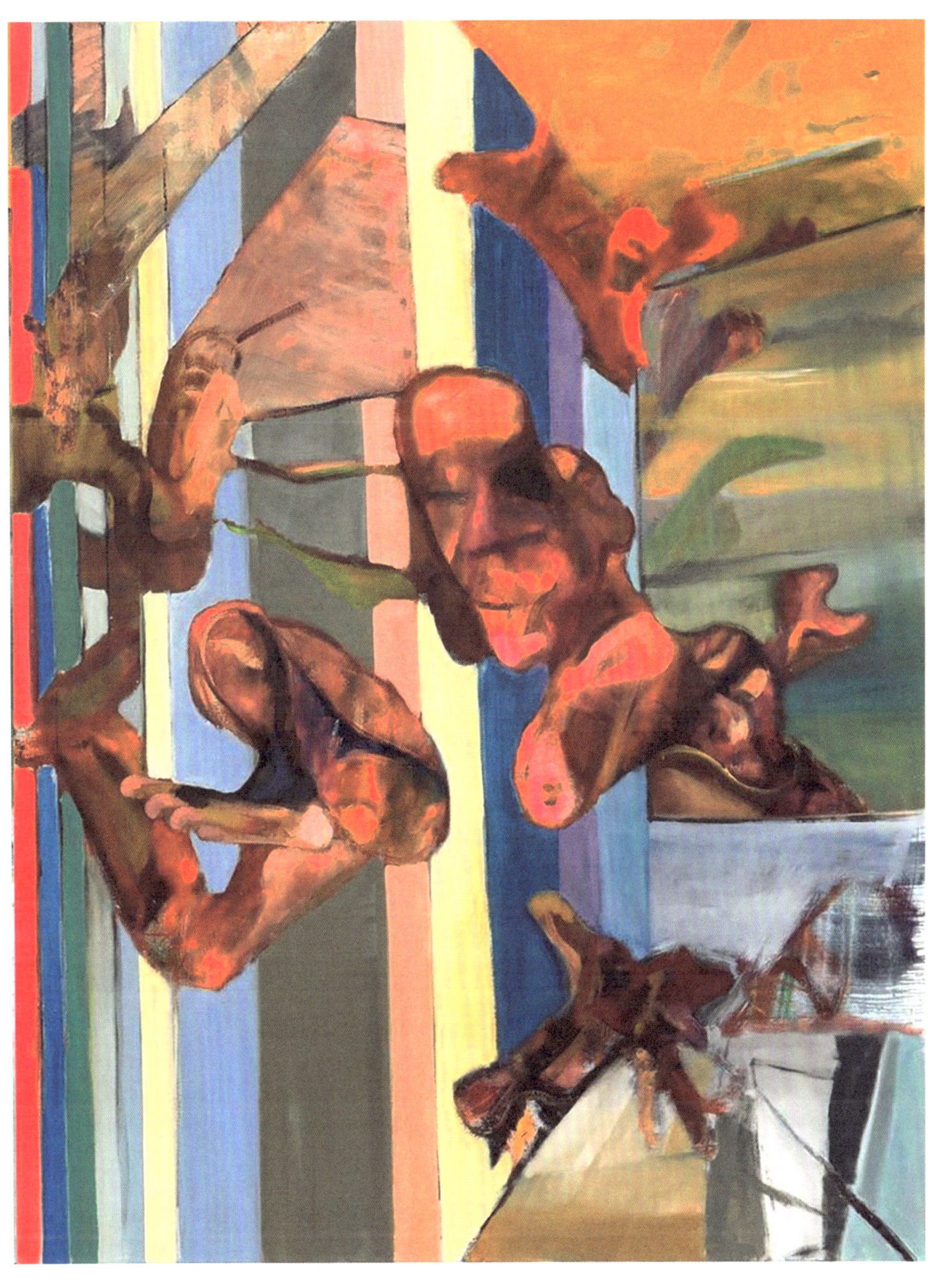

↖ **iSkin**, 2017
Öl auf Leinwand, 200 × 150 cm
Oil on canvas, 78 ¾ × 59 in

↑ **Keine Reibung in der Schwerelosigkeit**, 2014
Öl auf Leinwand, 200 × 150 cm
Oil on canvas, 78 ¾ × 59 in

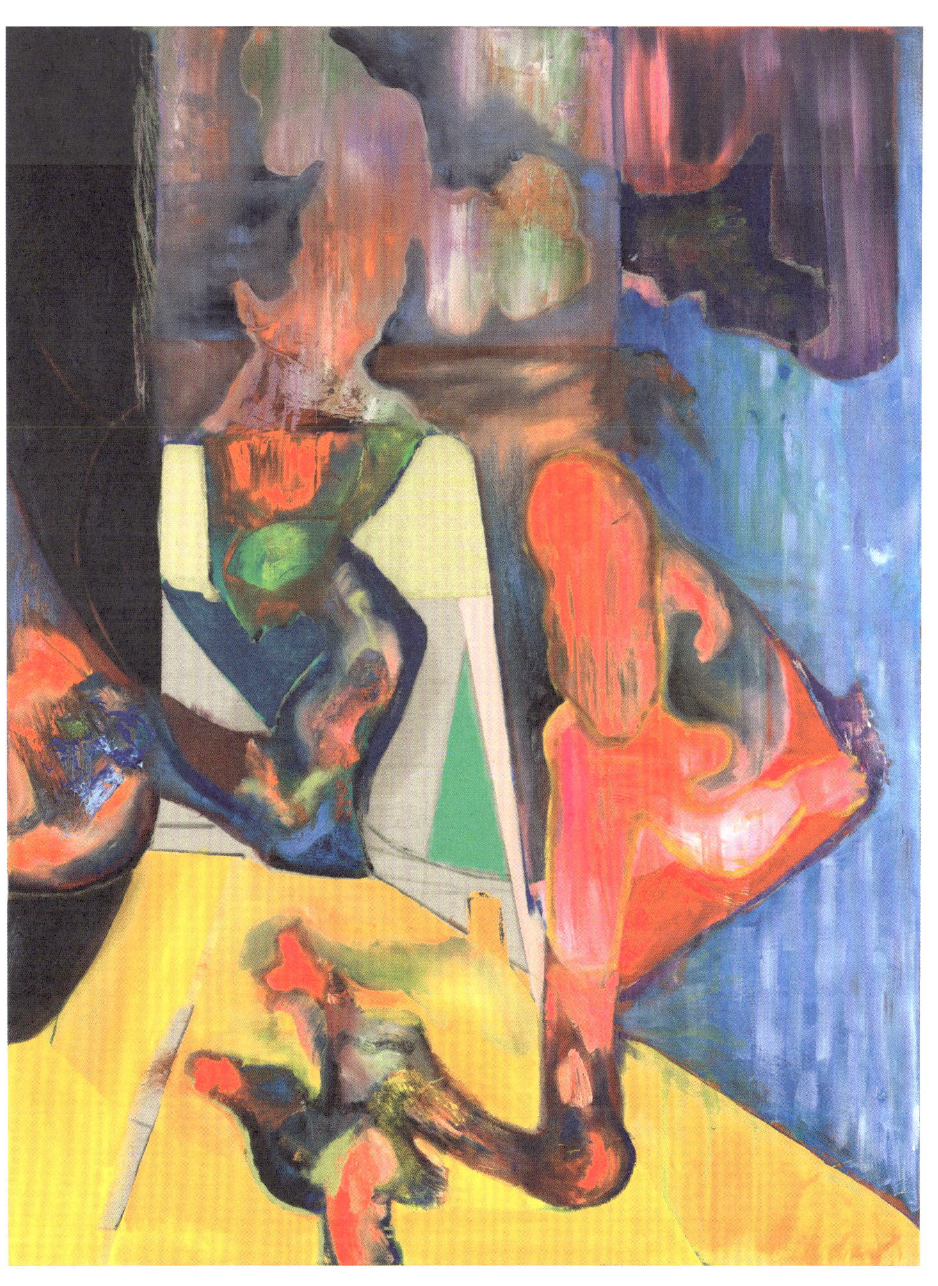

Like Making Love, 2016
Öl auf Leinwand, 200 × 150 cm
Oil on canvas, 78 ¾ × 59 in

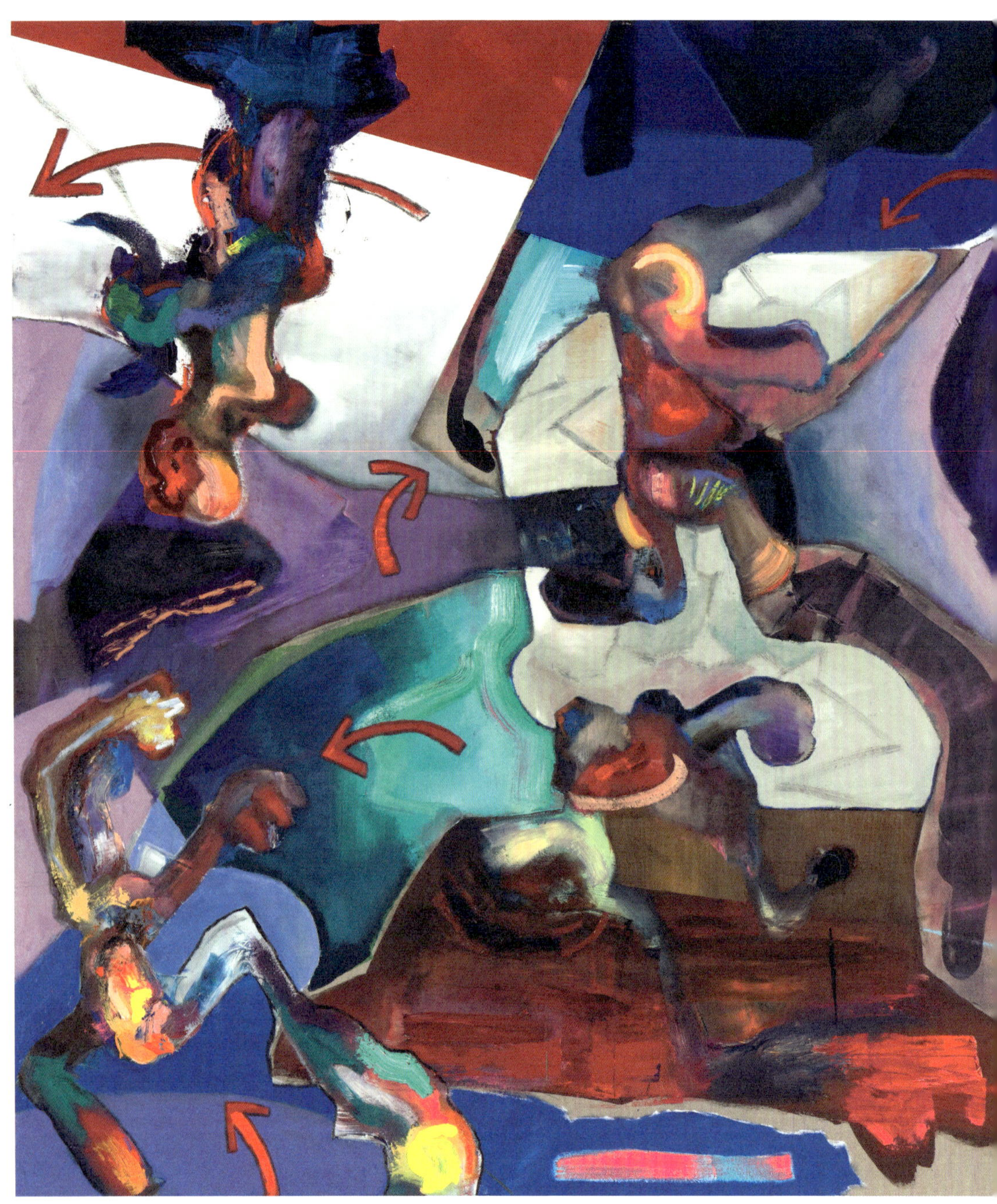

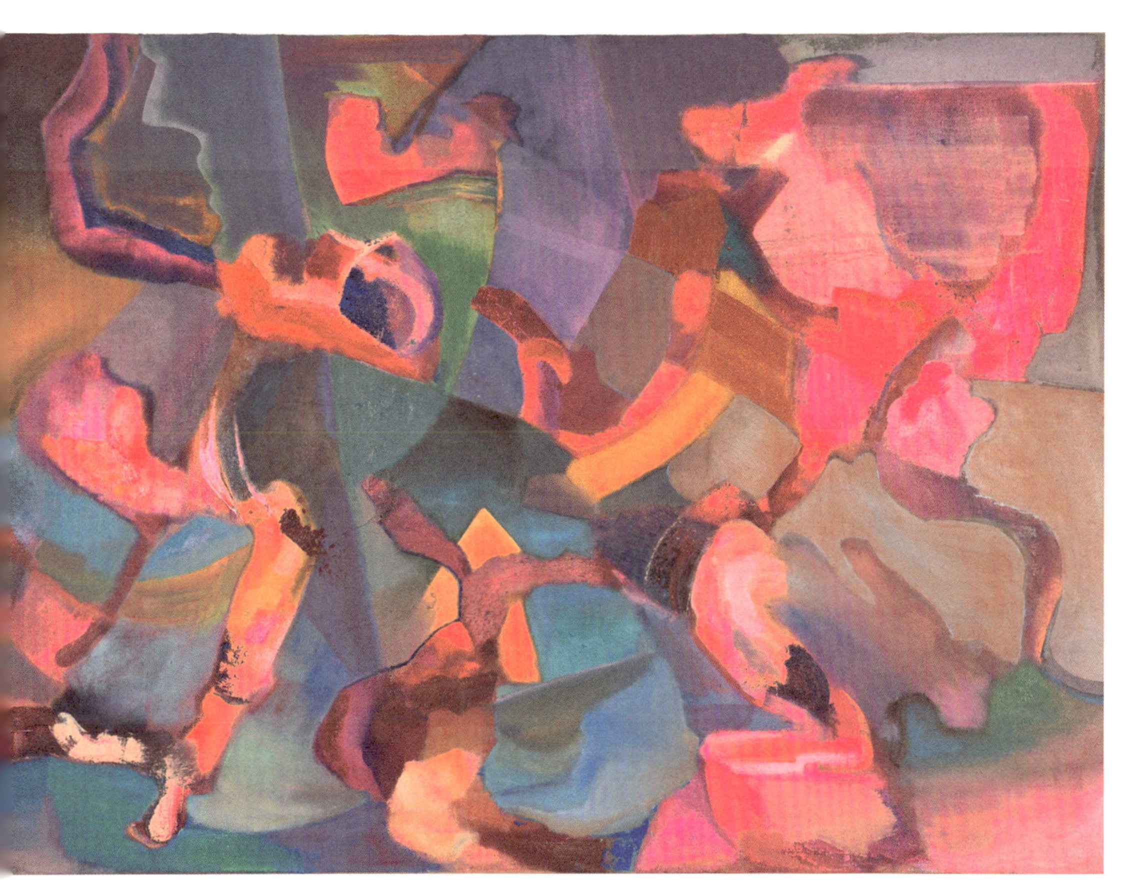

↖ **Ungarischer Elefantentanz**, 2016
Öl auf Leinwand, 210 × 180 cm
Oil on canvas, 86 ⅔ × 70 ¾ in

↑ **Pinkys Brain**, 2018
Öl auf Leinwand, 140 × 180 cm
Oil on canvas, 55 × 70 ¾ in

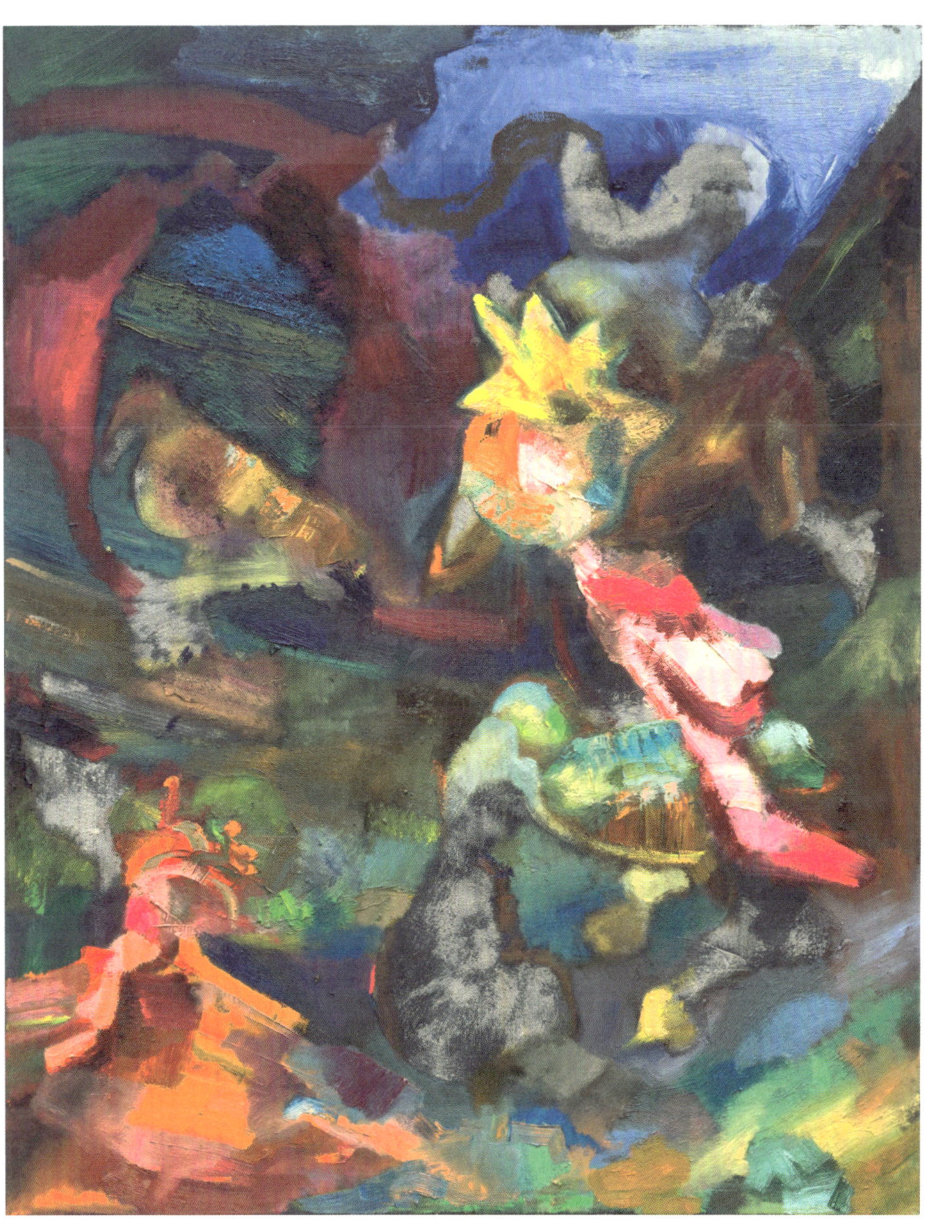

Die letzten Geschichten aus dem Charlottenburger Wald 1, 2020
Öl auf Leinwand, 180 × 140 cm
Oil on canvas, 70 ¾ × 55 in

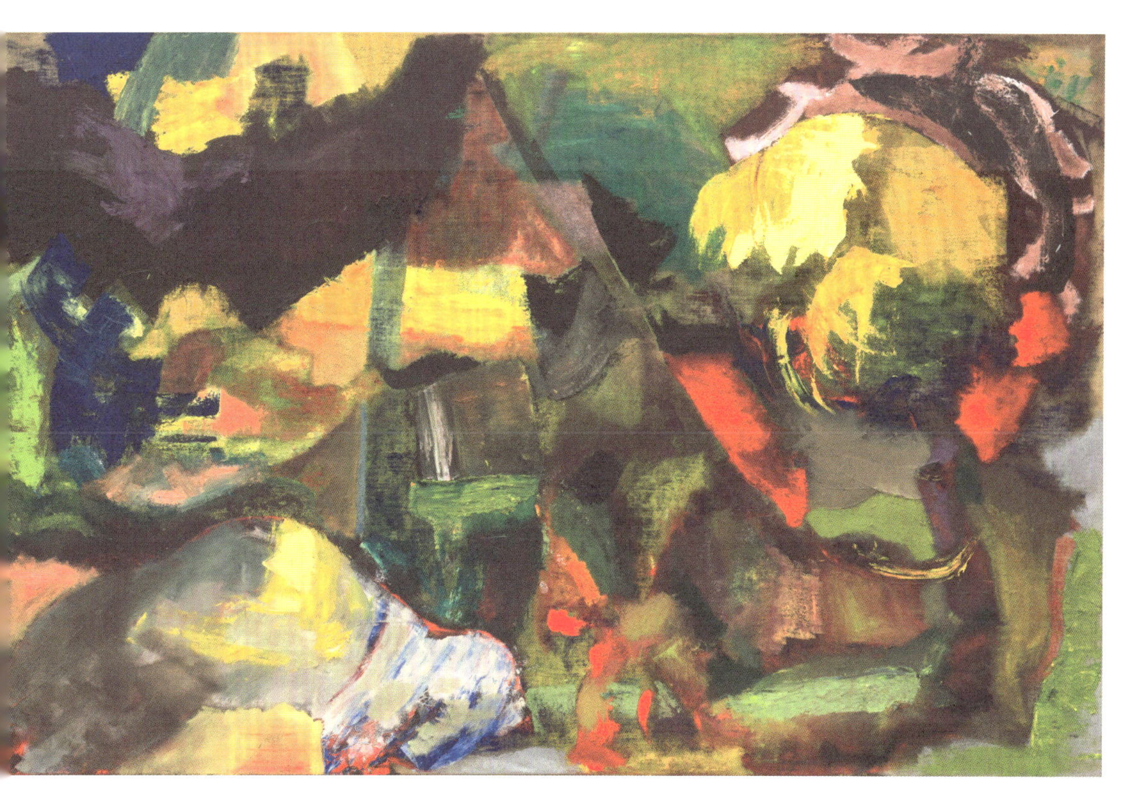

#GefallenerSonnenRaupenSchneemann#Dorfhündchenbeschützer #Fledermaustotem#SchlossZeltÜbernachtung#MutterNatur, 2019
Öl auf Leinwand, 200 × 300 cm
Oil on canvas, 78 ¾ × 118 in

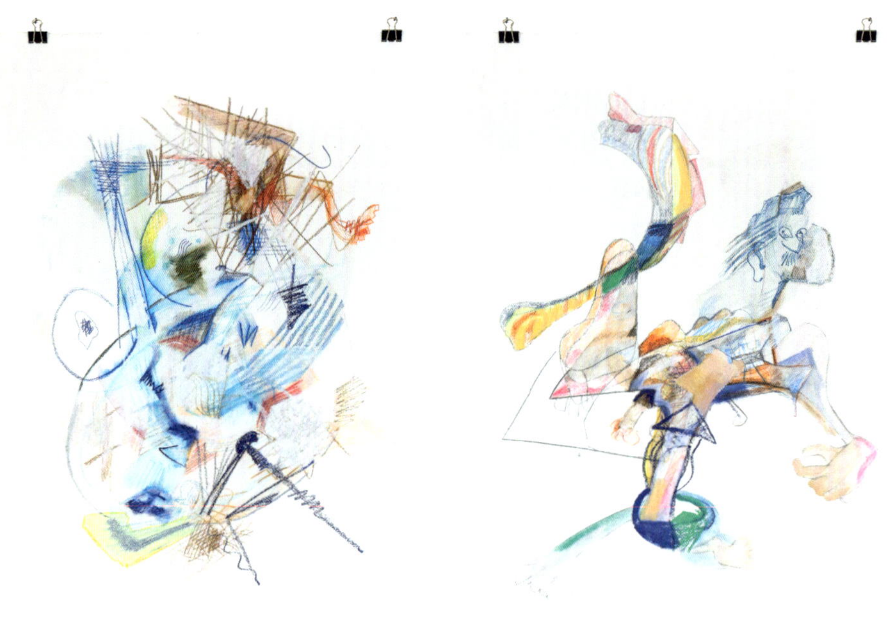

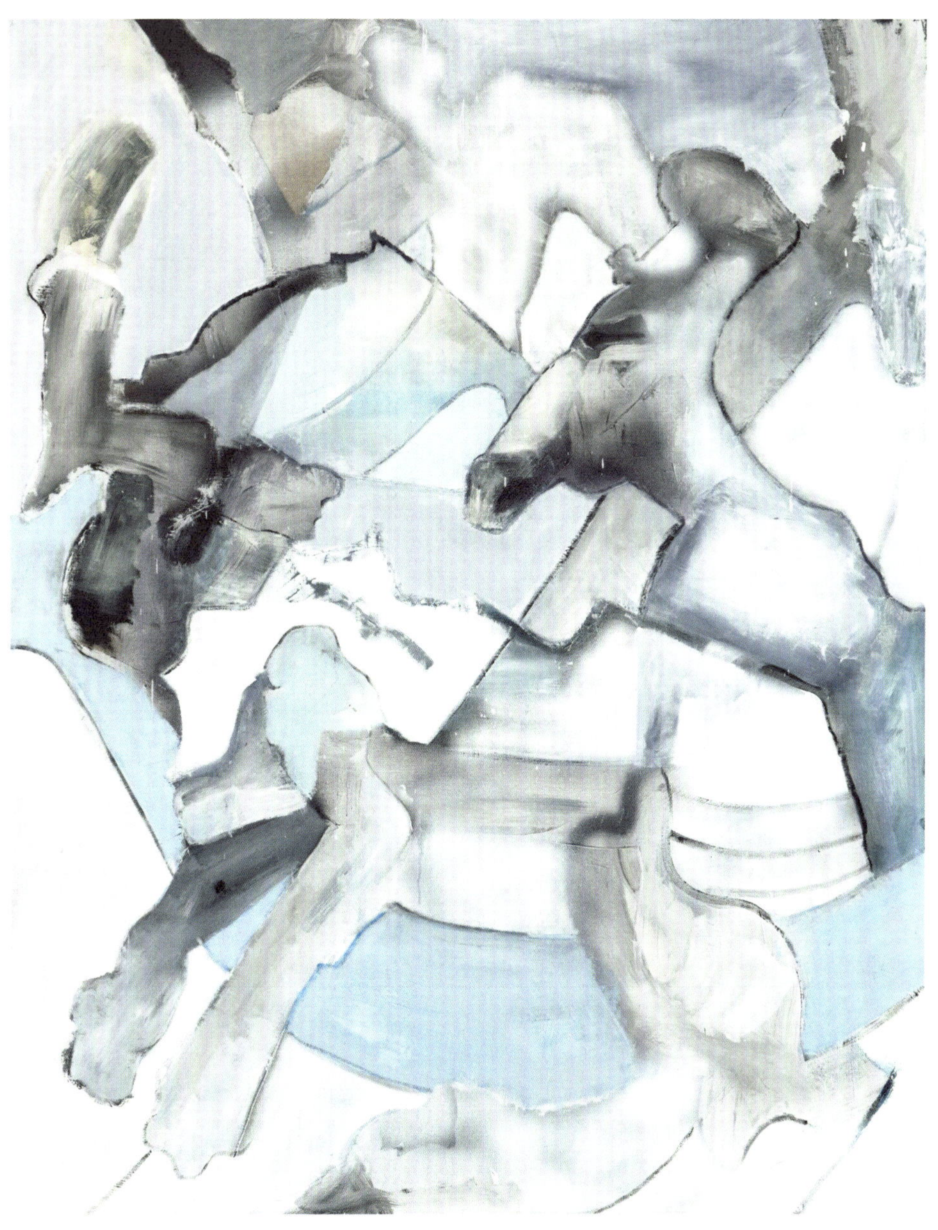

↖ **Wild gewordener Kandinsky**, 2020
Aquarellstift auf Papier, 76,5 × 56,5 cm
Pencil on paper, 30 × 22 ¼ in

↖ **Luigi und das Steckenpferdchen**, 2020
Aquarellstift auf Papier, 76,5 × 56,5 cm
Pencil on paper, 30 × 22 ¼ in

↑ **Hammerzeit**, 2017
Öl auf Jute, 180 × 140 cm
Oil on jute, 70 ¾ × 55 in

Die Ursache liegt in der Zukunft

The Cause Lies in the Future

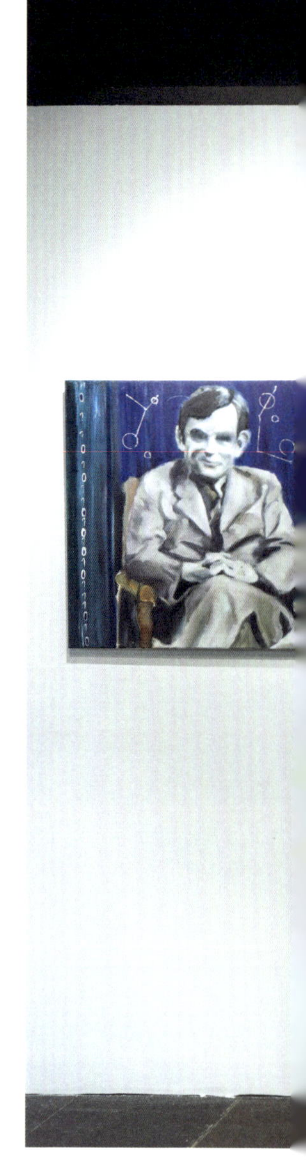

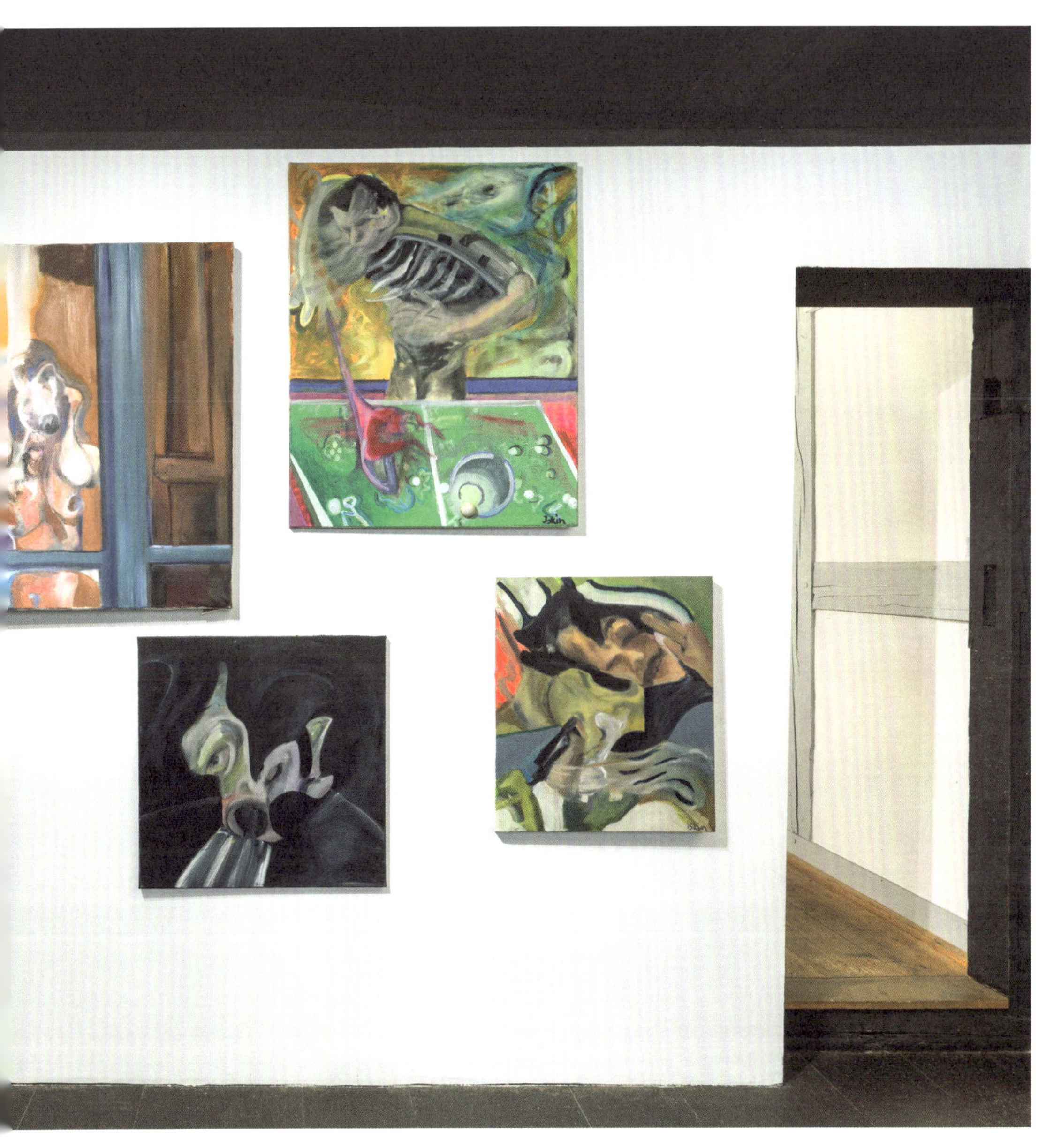

Ausstellungsansicht / installation view,
Mönchehaus Museum Goslar, 2020

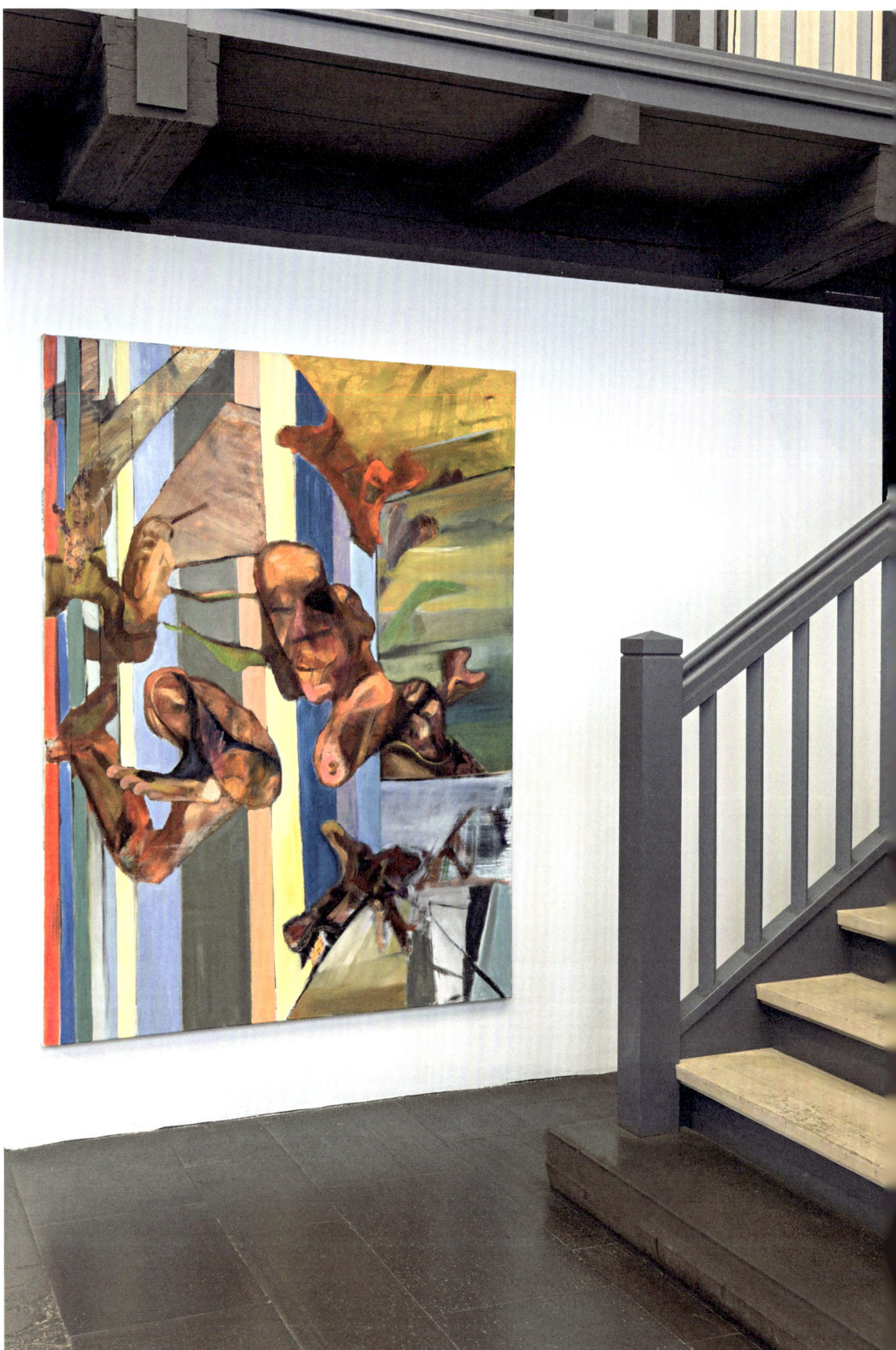

Ausstellungsansicht / installation view,
Mönchehaus Museum Goslar, 2020

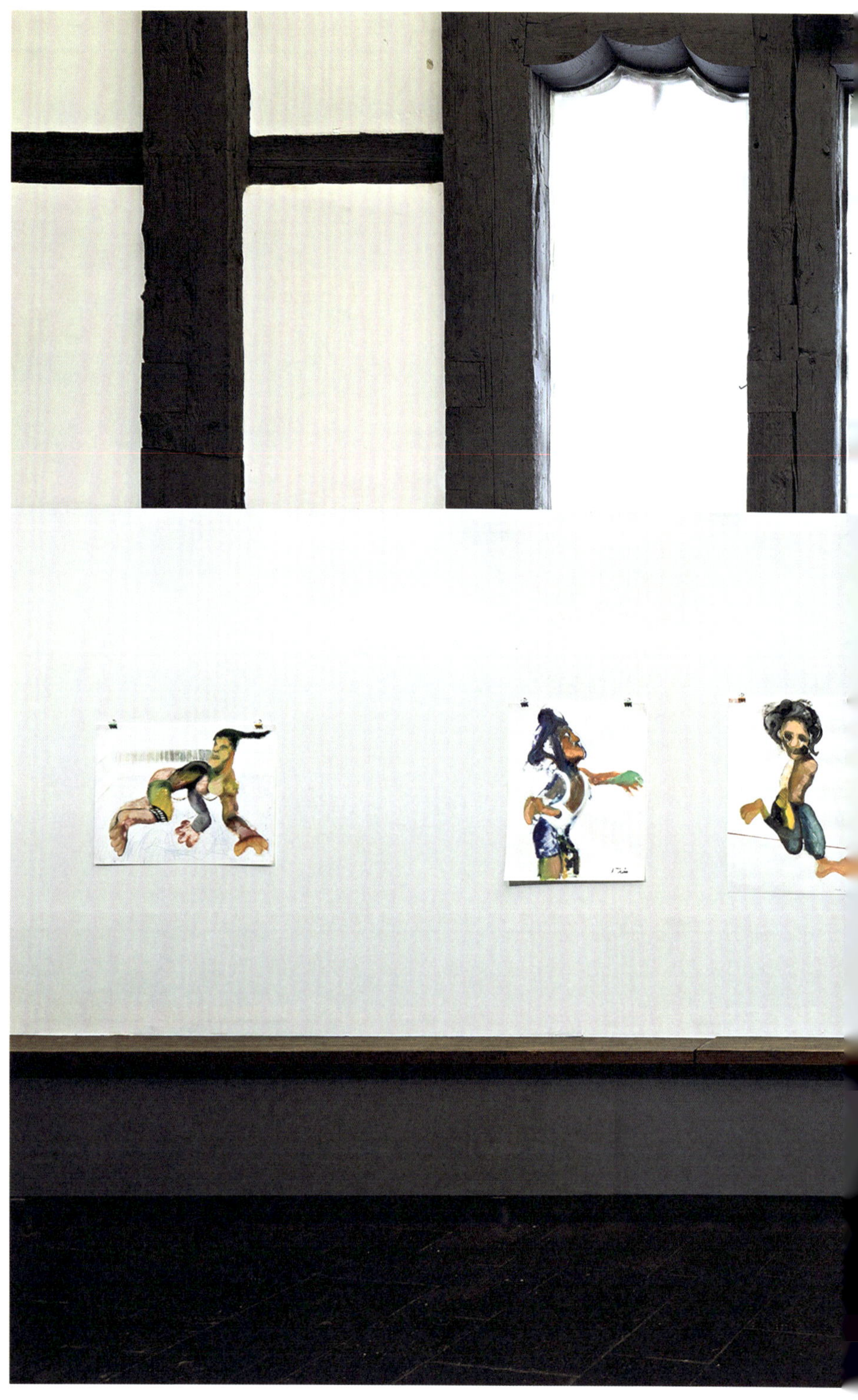

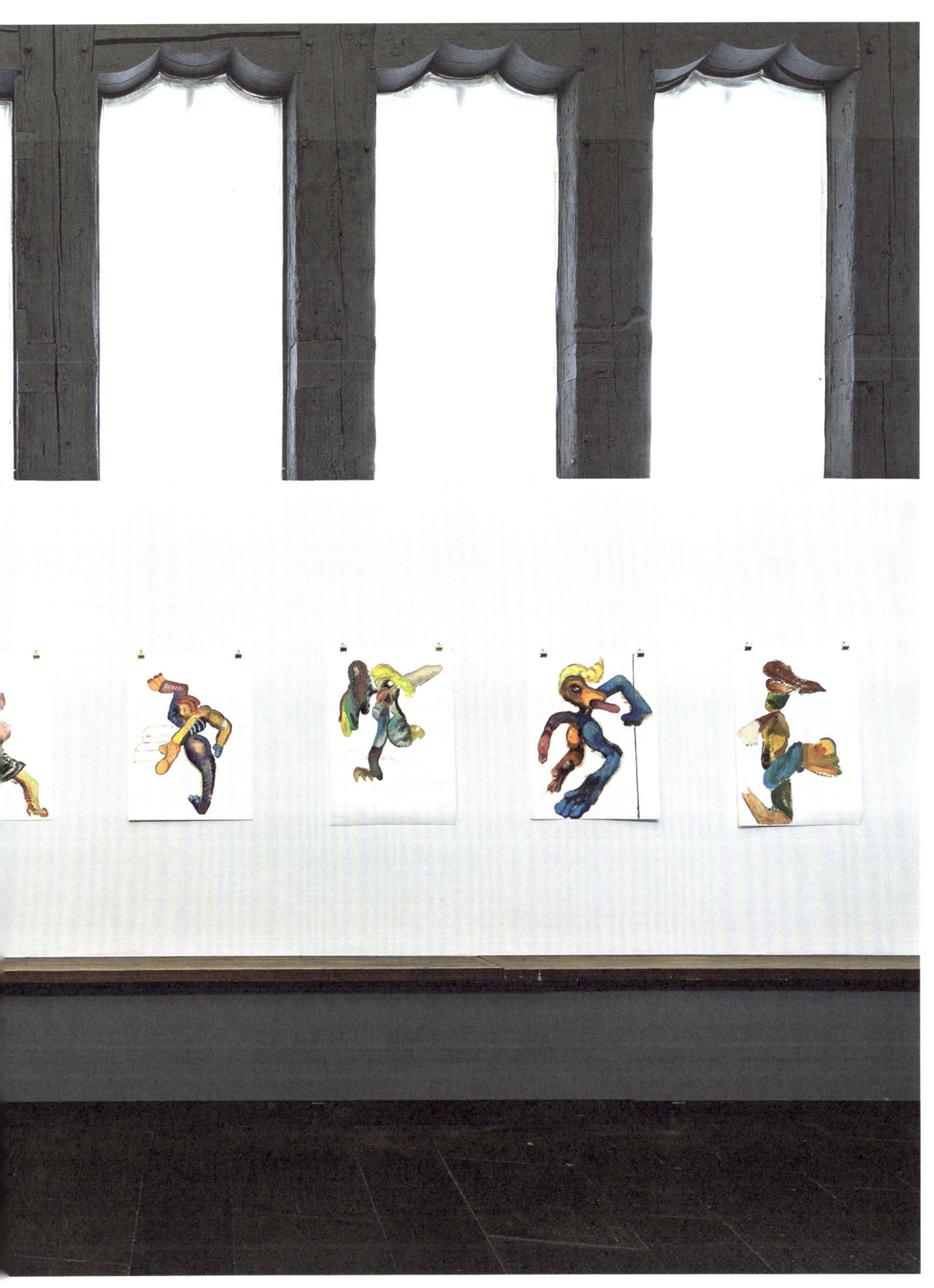

Ausstellungsansicht / installation view,
Mönchehaus Museum Goslar, 2020

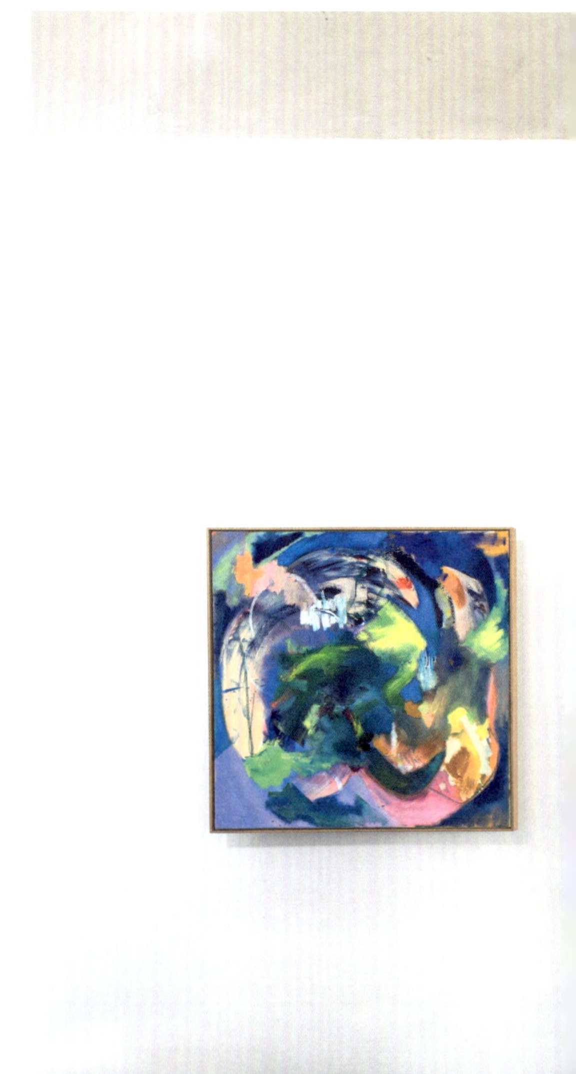

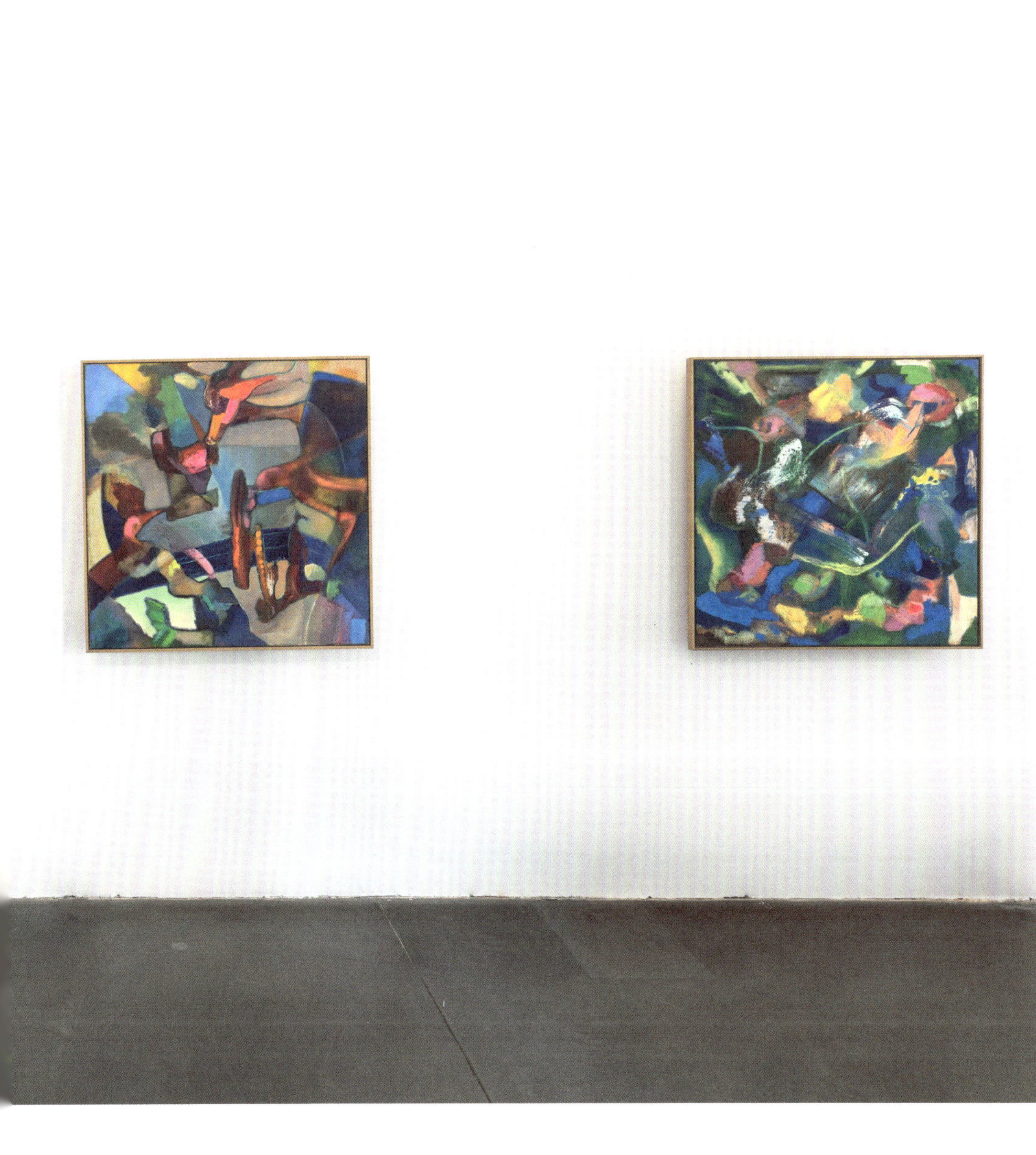

Ausstellungsansicht / installation view,
Mönchehaus Museum Goslar, 2020

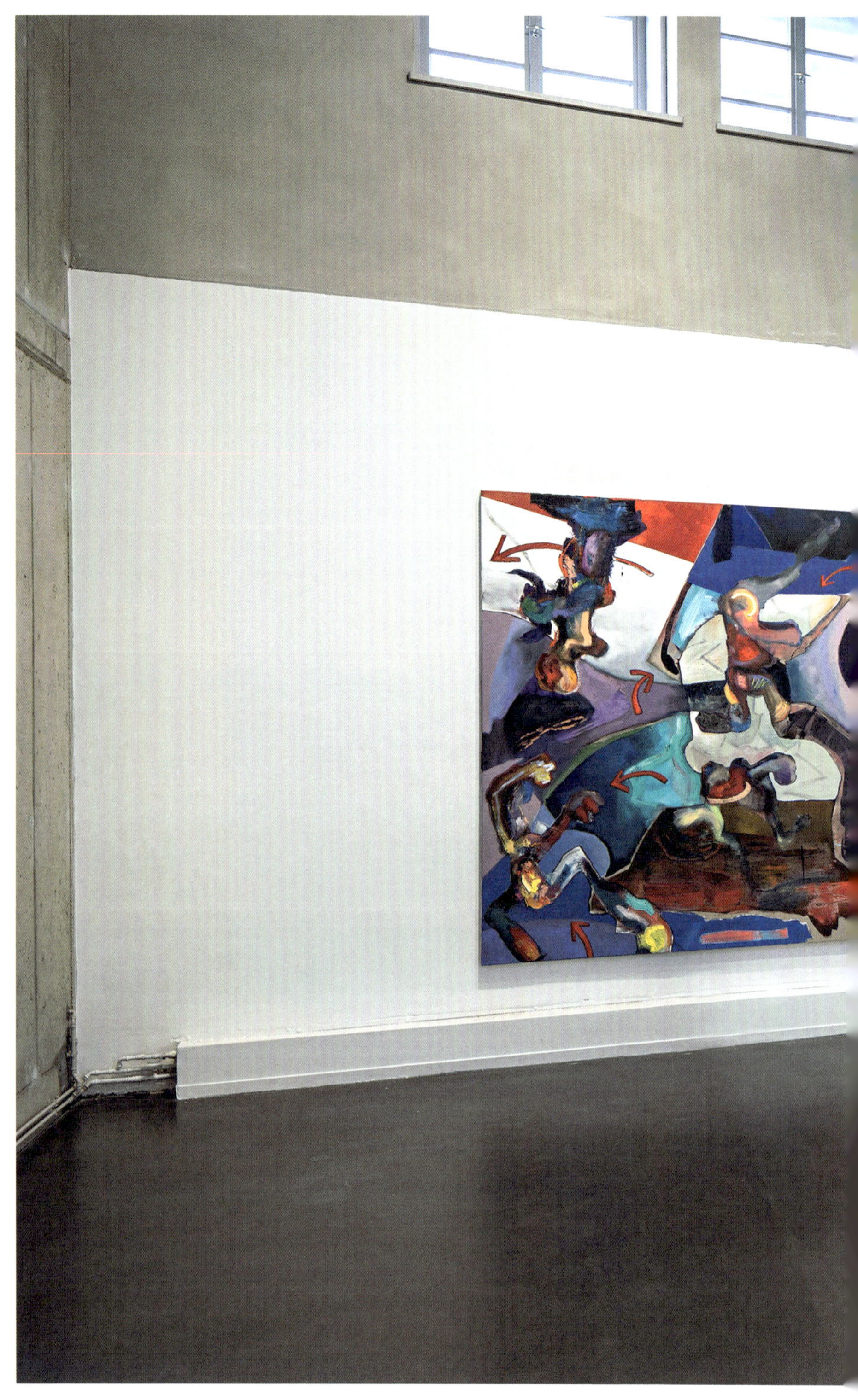

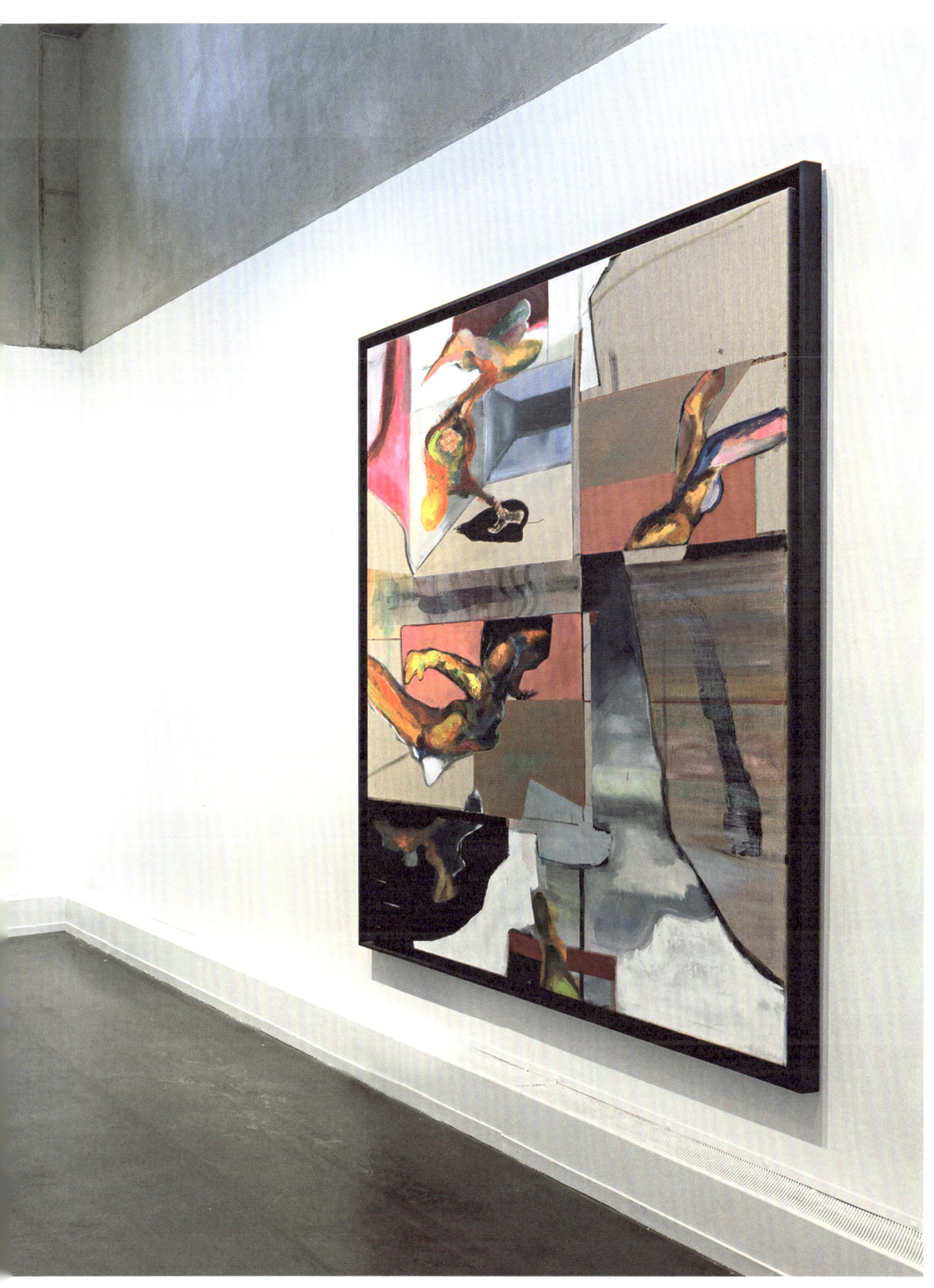

Ausstellungsansicht / installation view,
Mönchehaus Museum Goslar, 2020

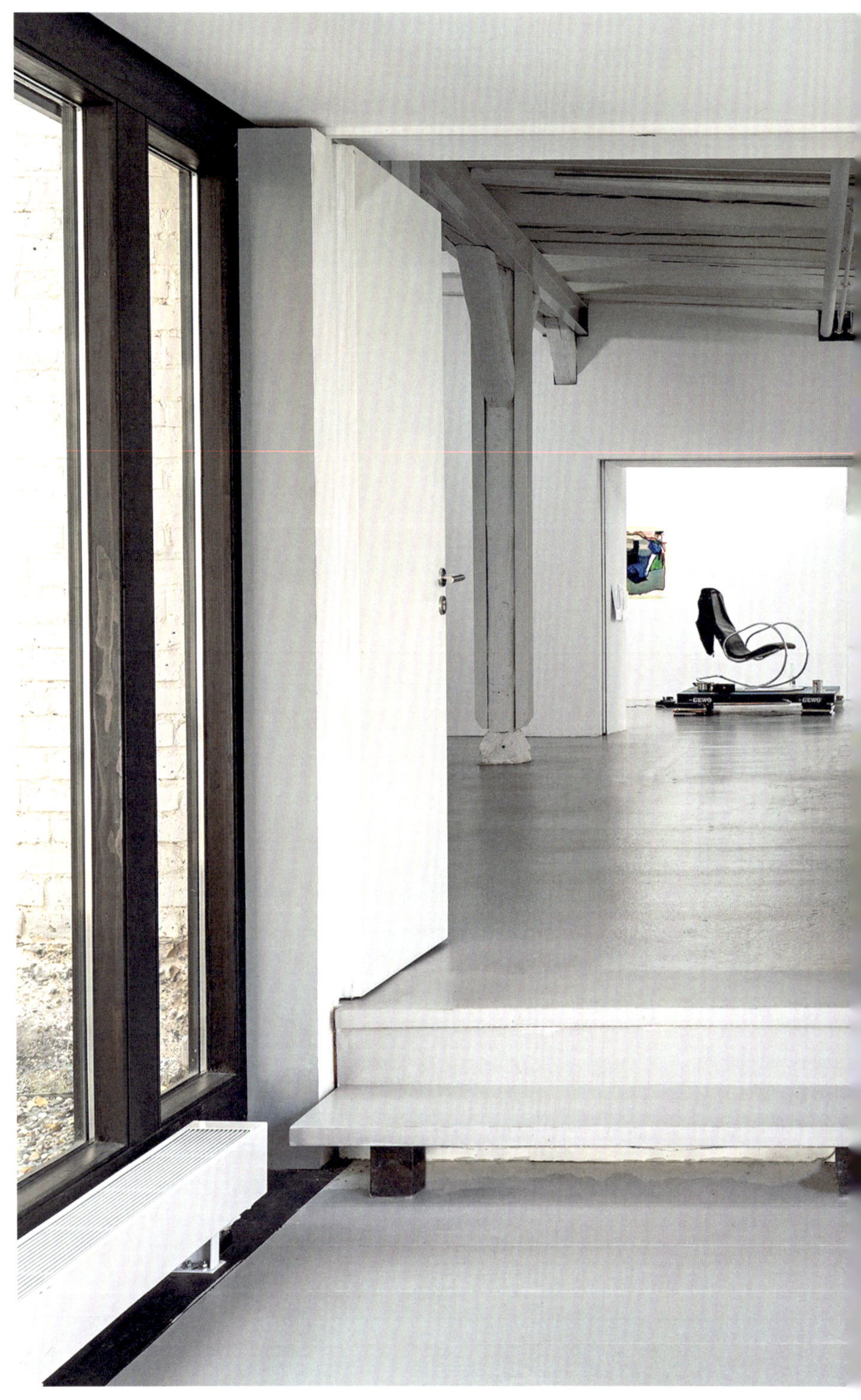
GEWO
GEWO

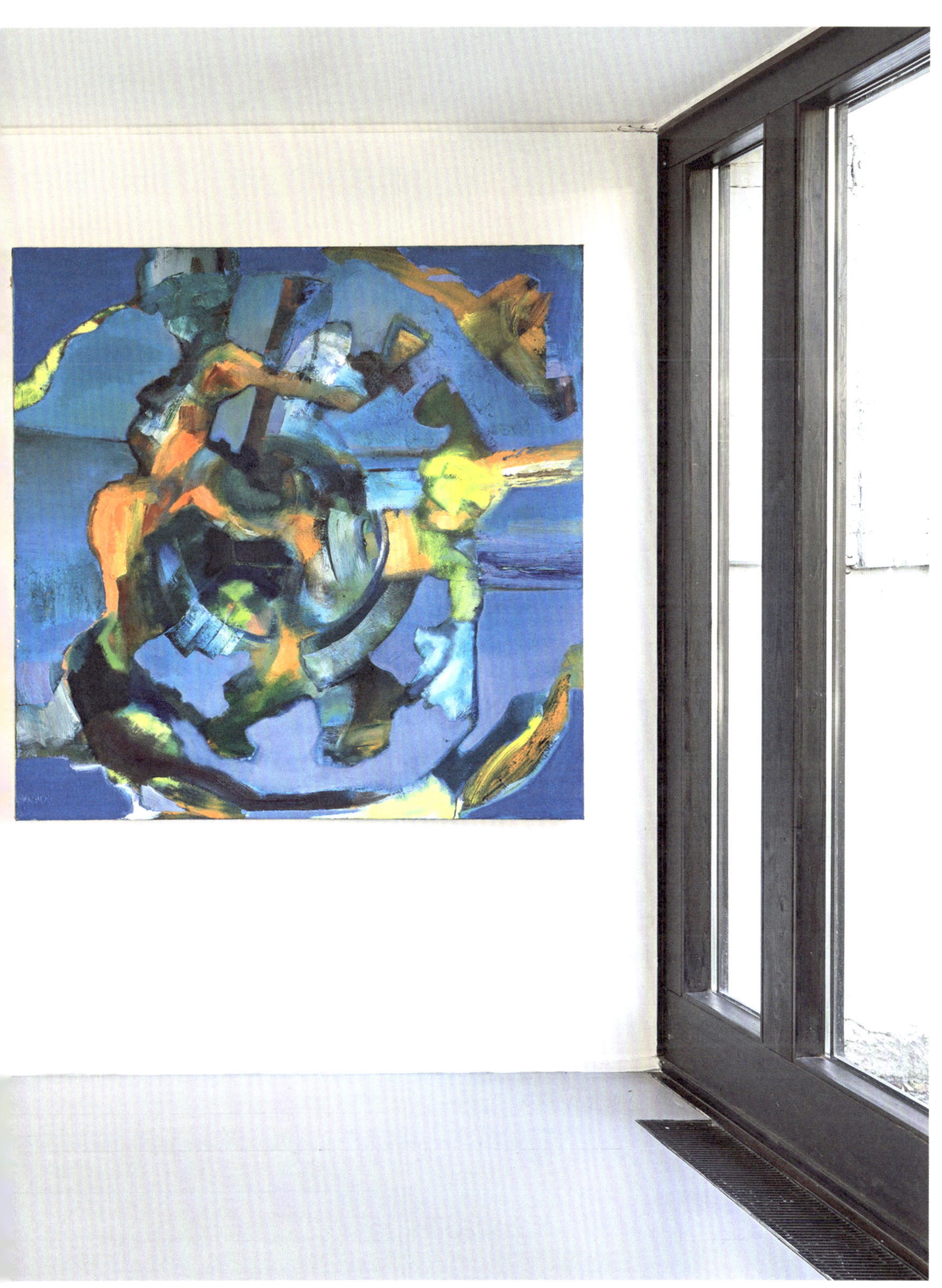

Ausstellungsansicht / installation view,
Mönchehaus Museum Goslar, 2020

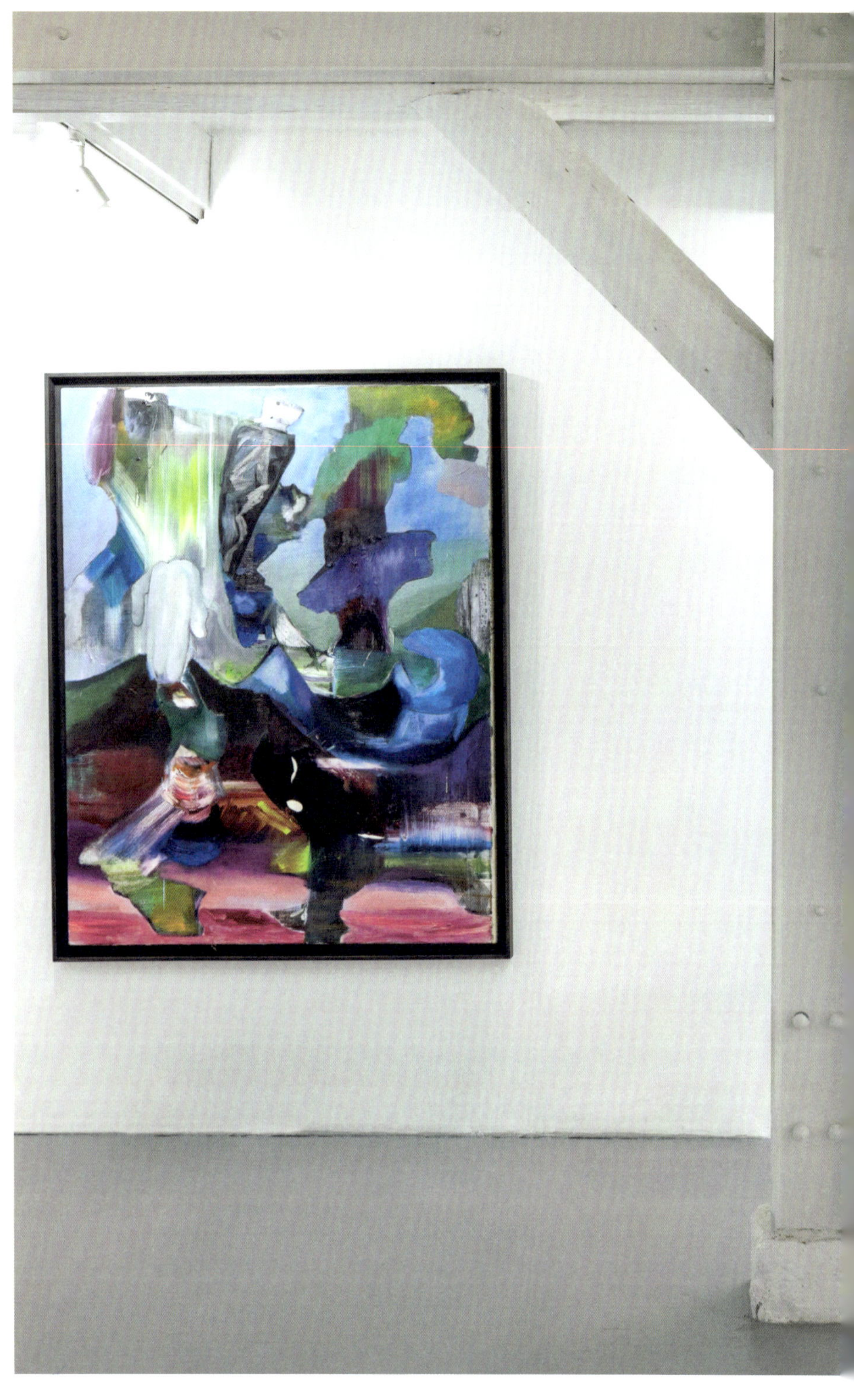

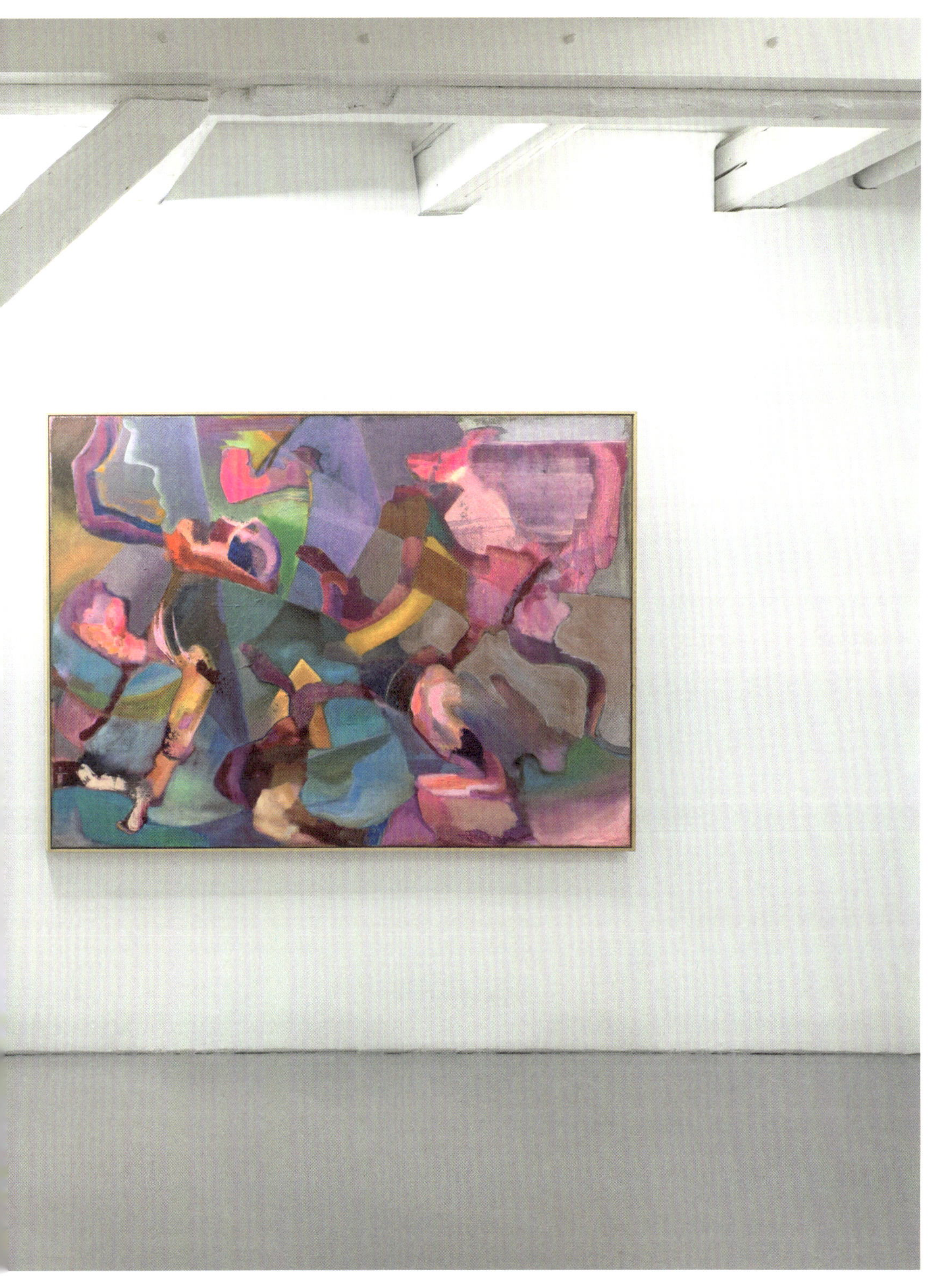

Ausstellungsansicht / installation view,
Mönchehaus Museum Goslar, 2020

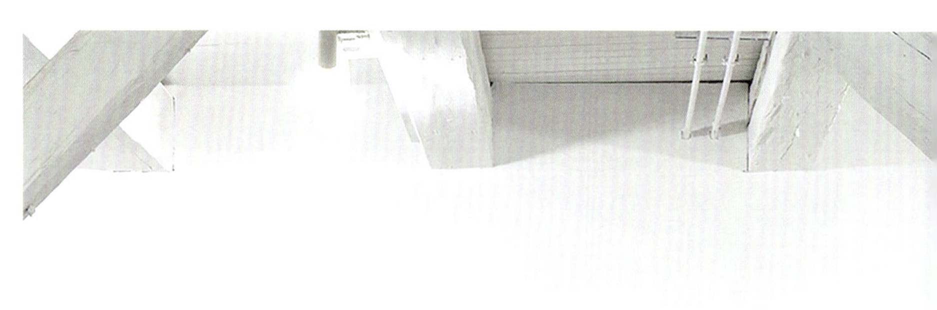

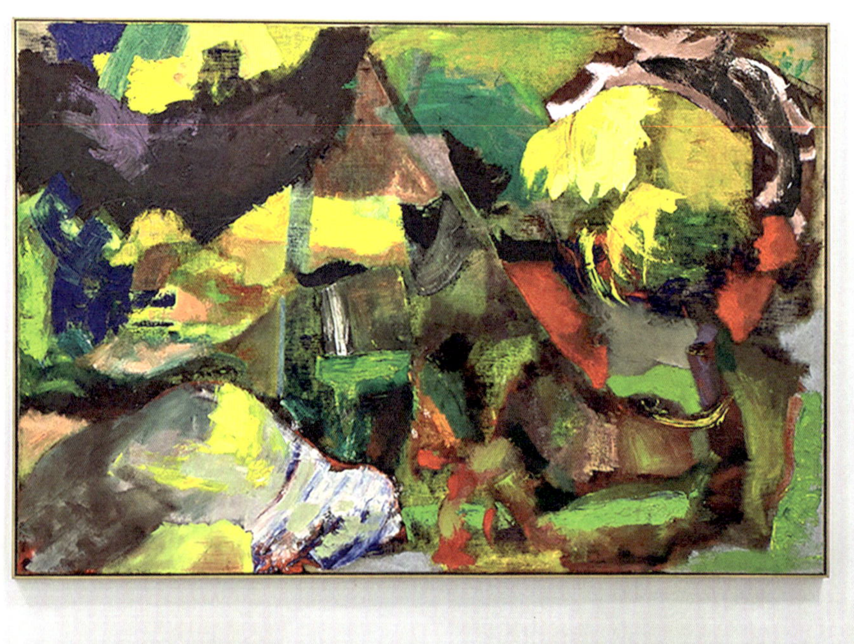

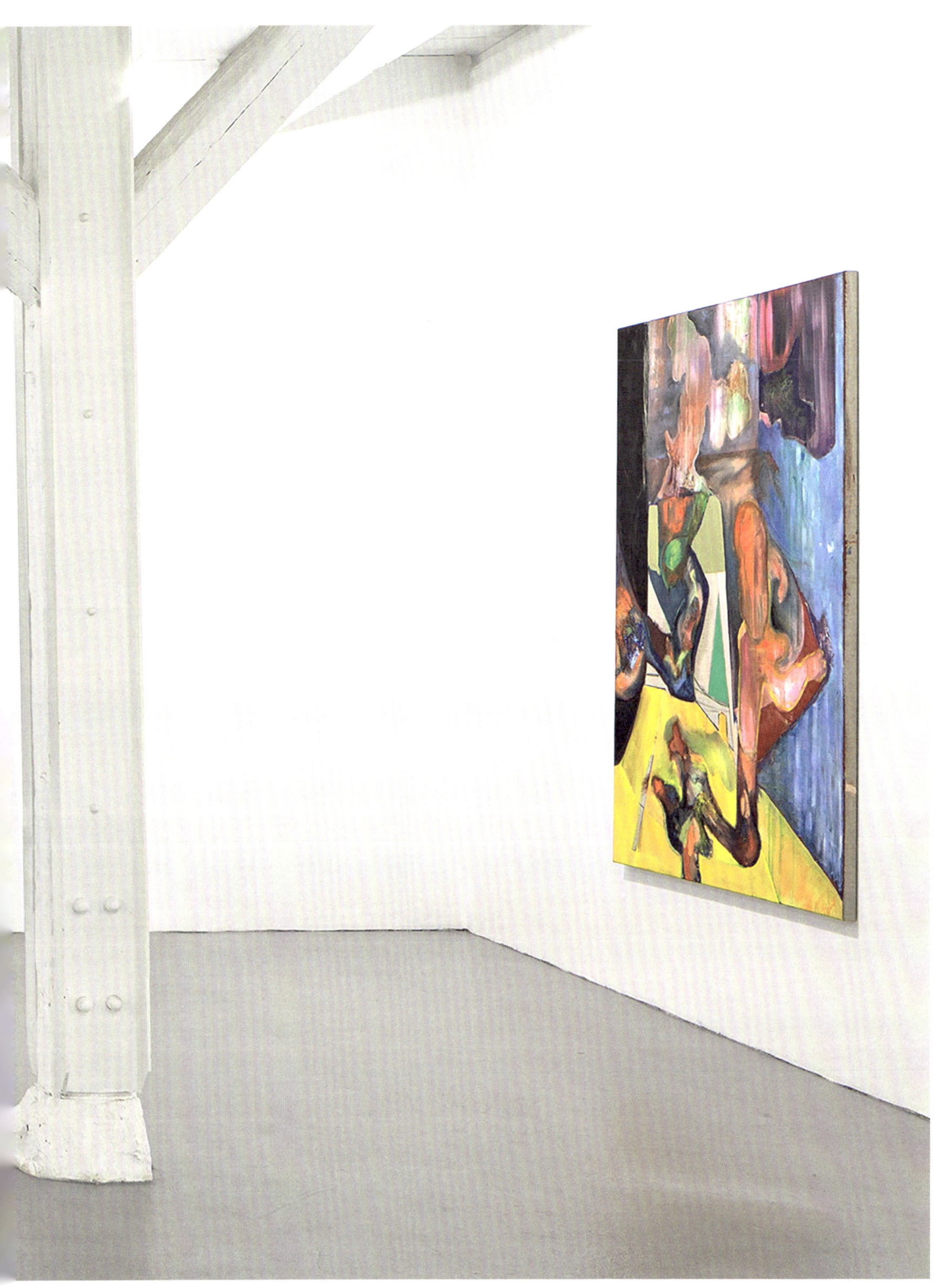

Ausstellungsansicht / installation view,
Mönchehaus Museum Goslar, 2020

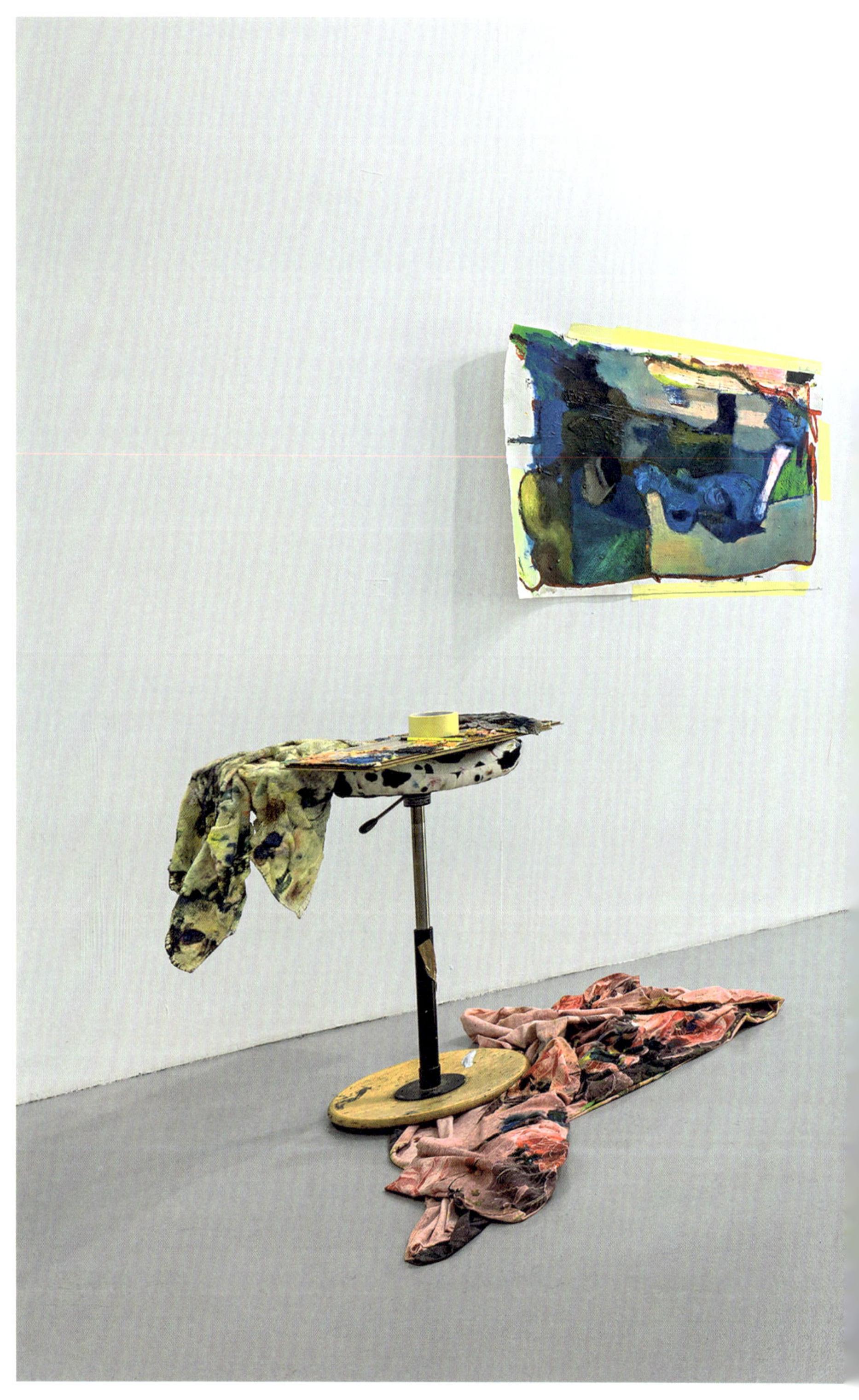

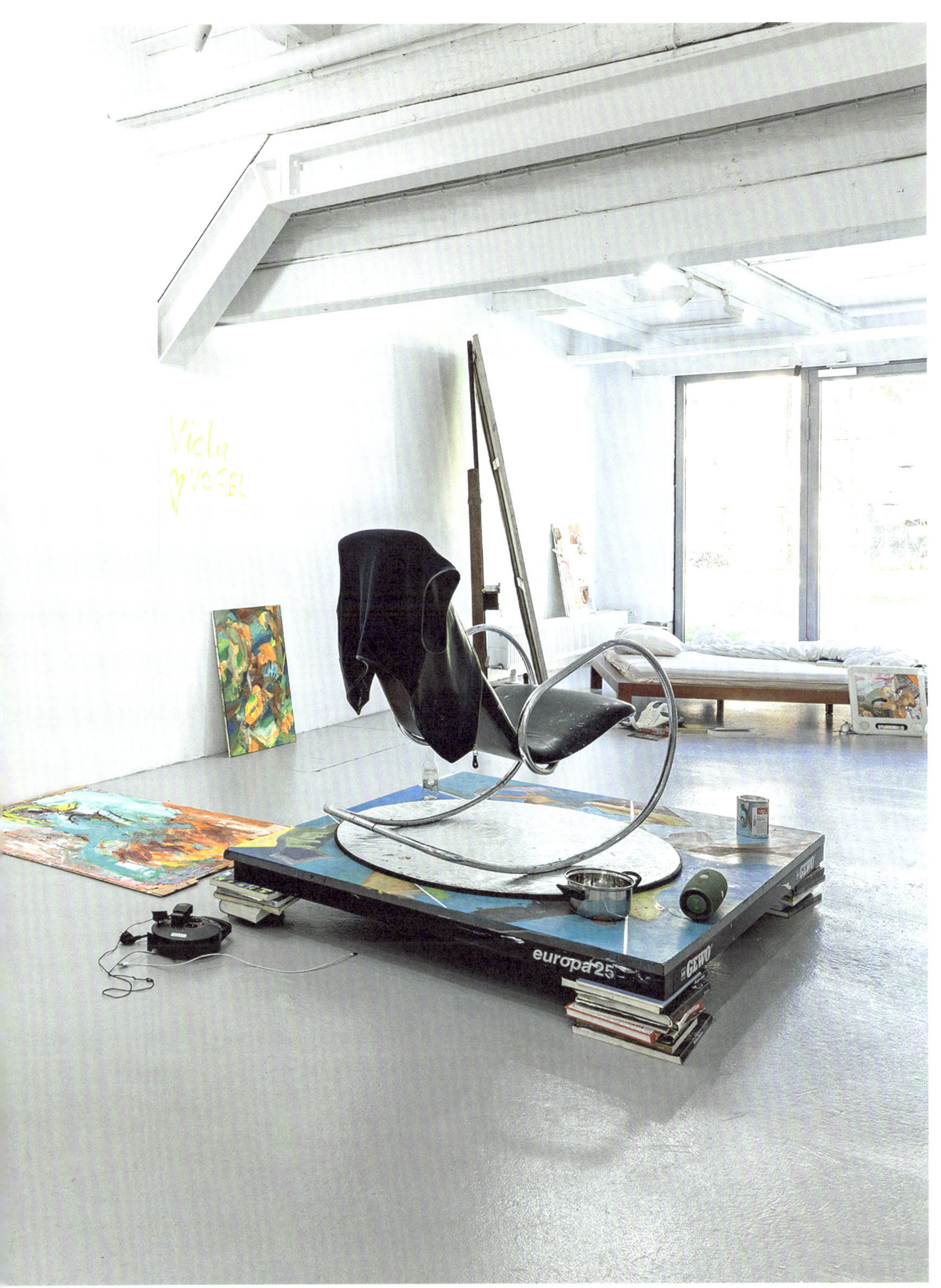

Ausstellungsansicht / installation view,
Mönchehaus Museum Goslar, 2020

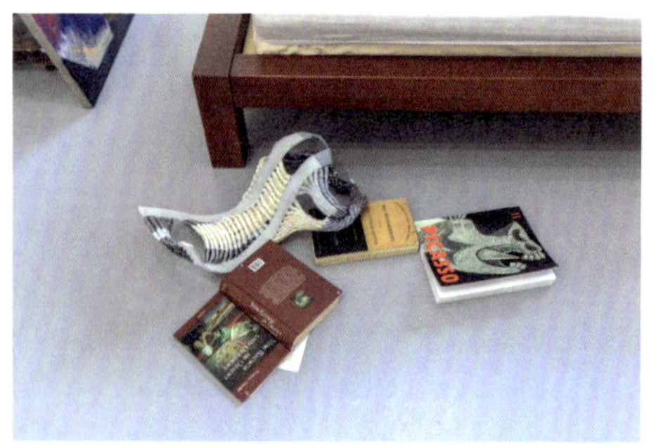

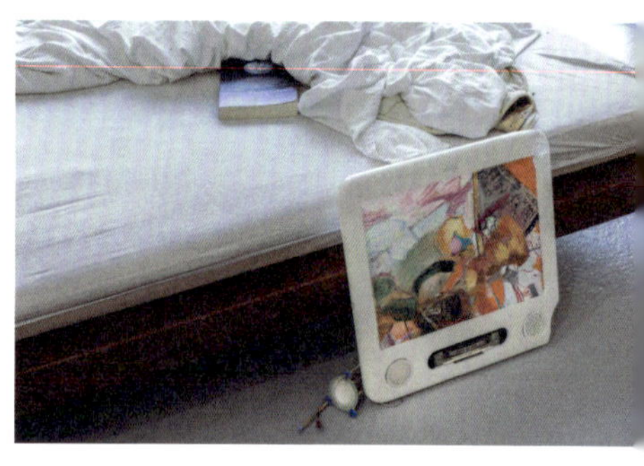

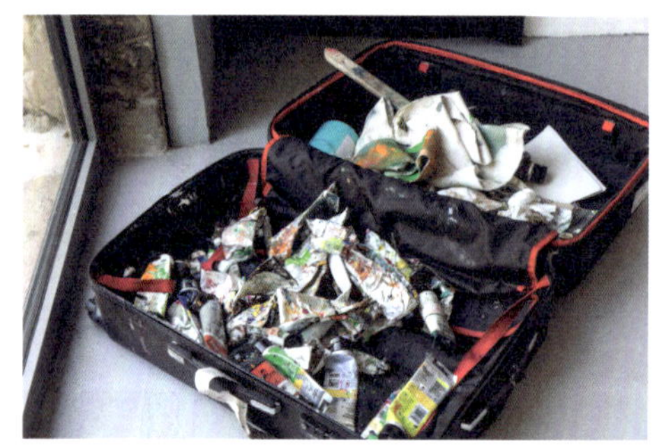

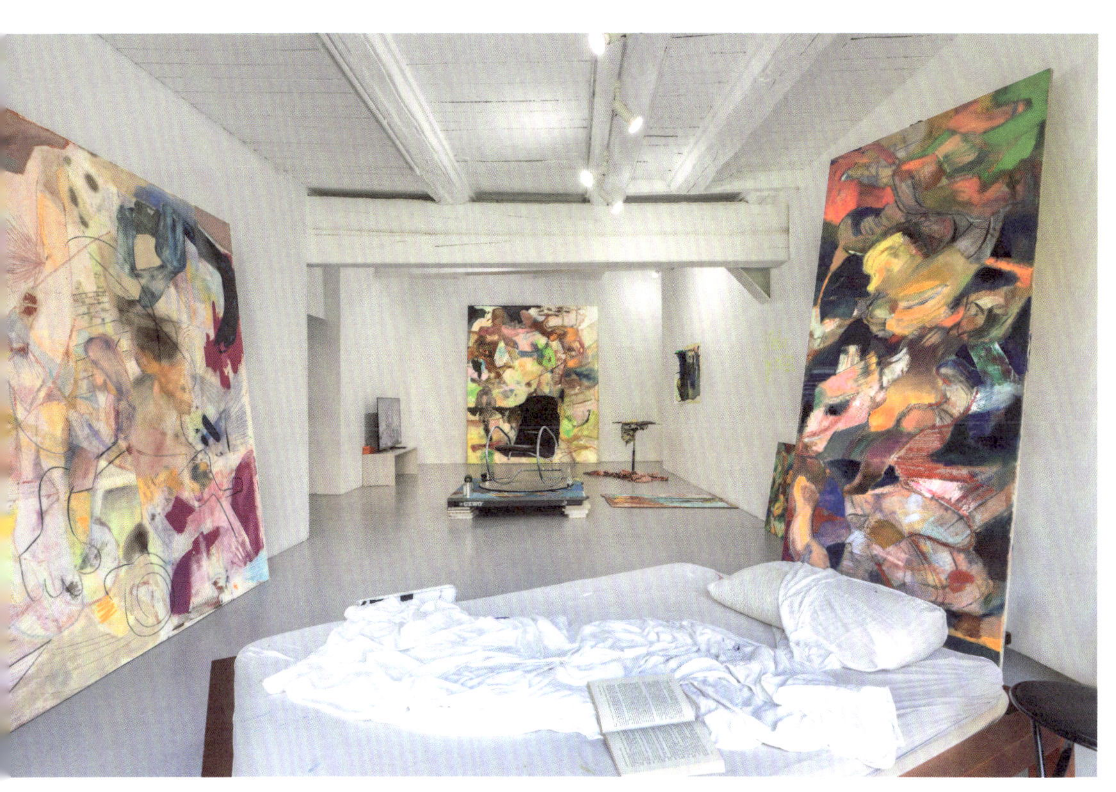

Ausstellungsansicht / installation view,
Mönchehaus Museum Goslar, 2020

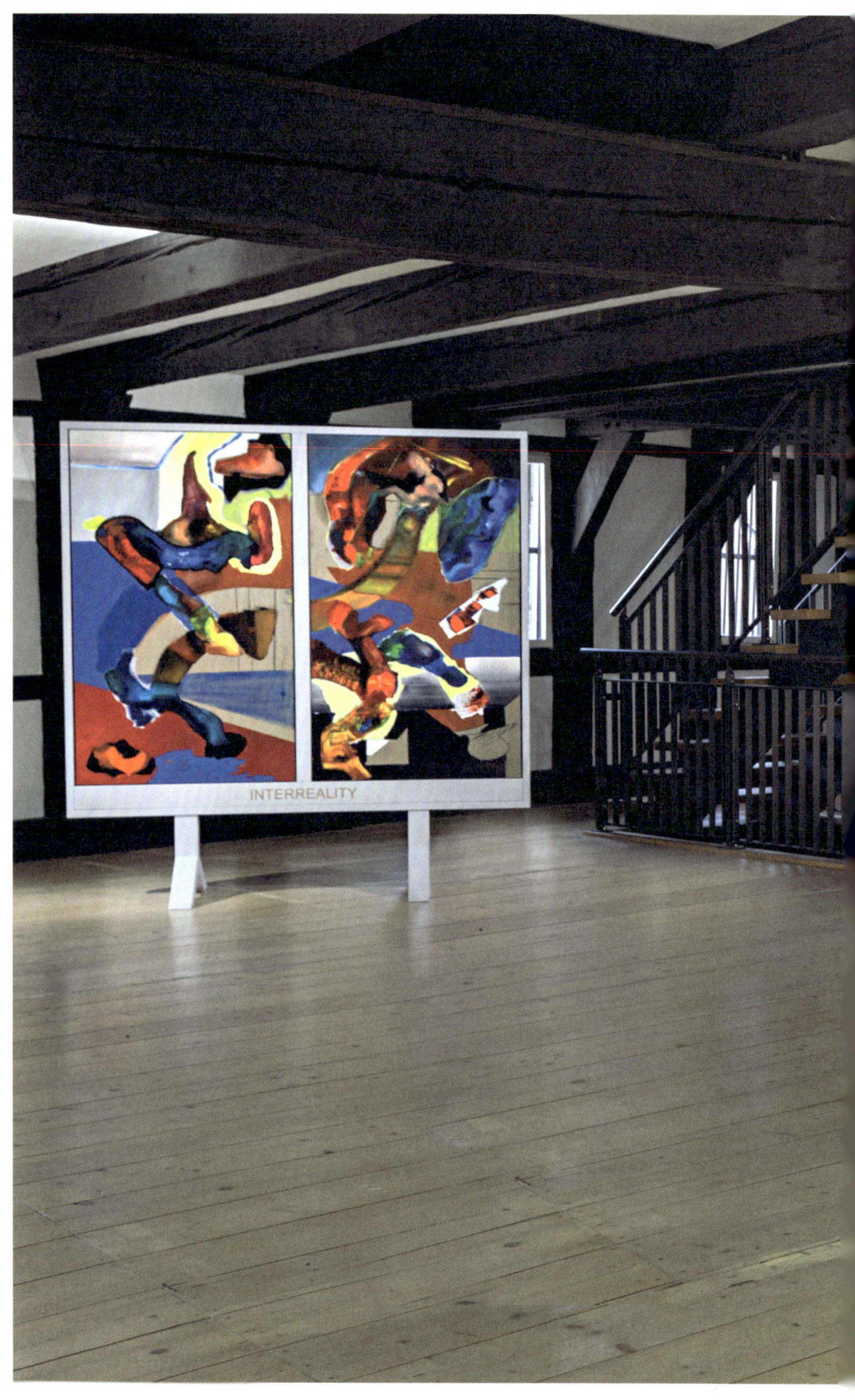
INTERREALITY

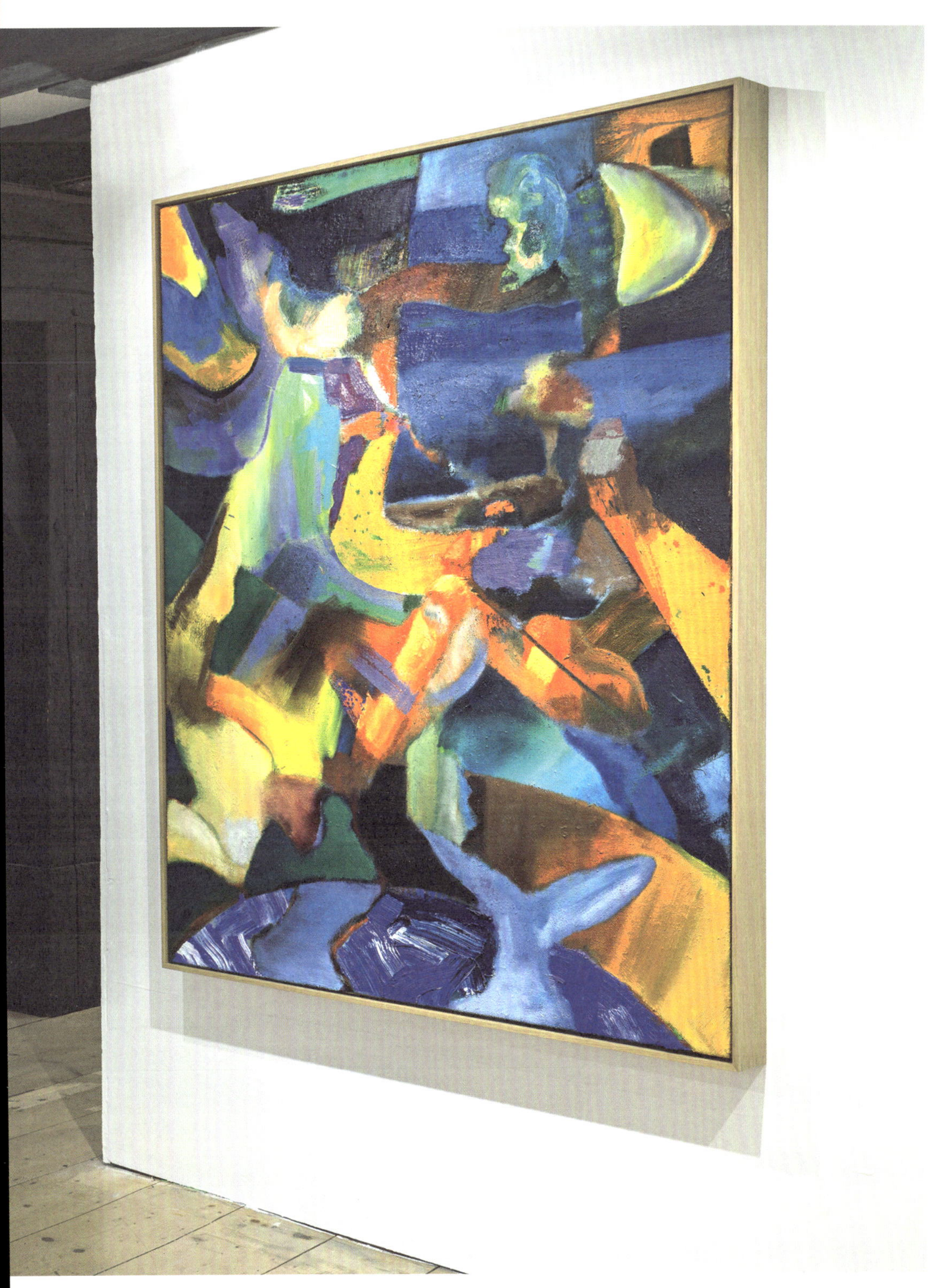

Ausstellungsansicht / installation view,
Mönchehaus Museum Goslar, 2020

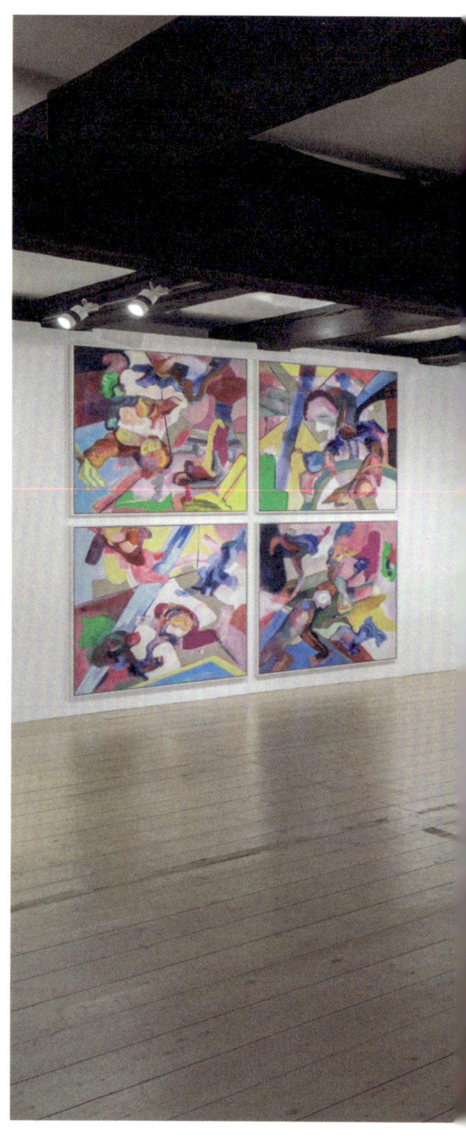

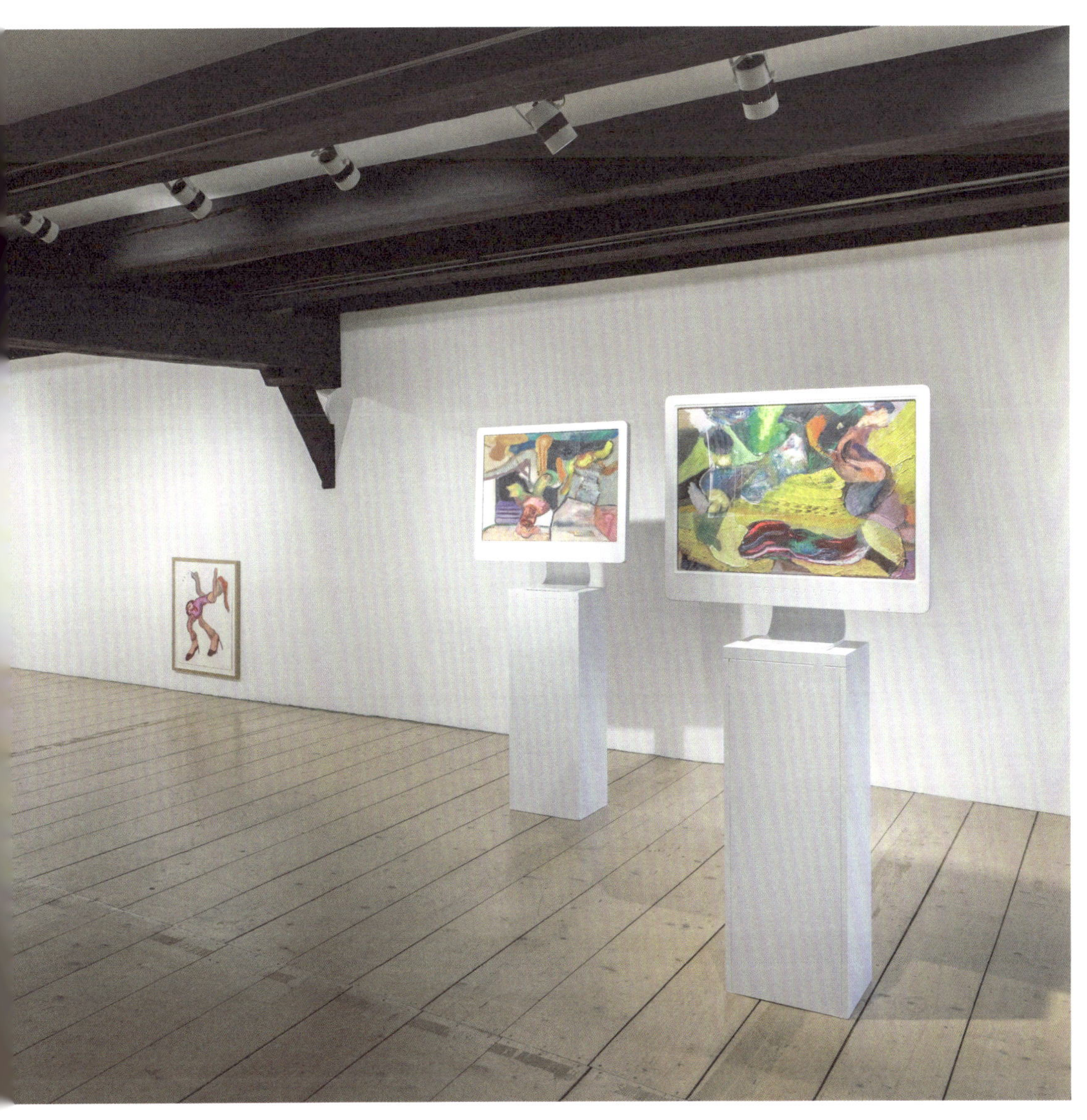

Ausstellungsansicht / installation view,
Mönchehaus Museum Goslar, 2020

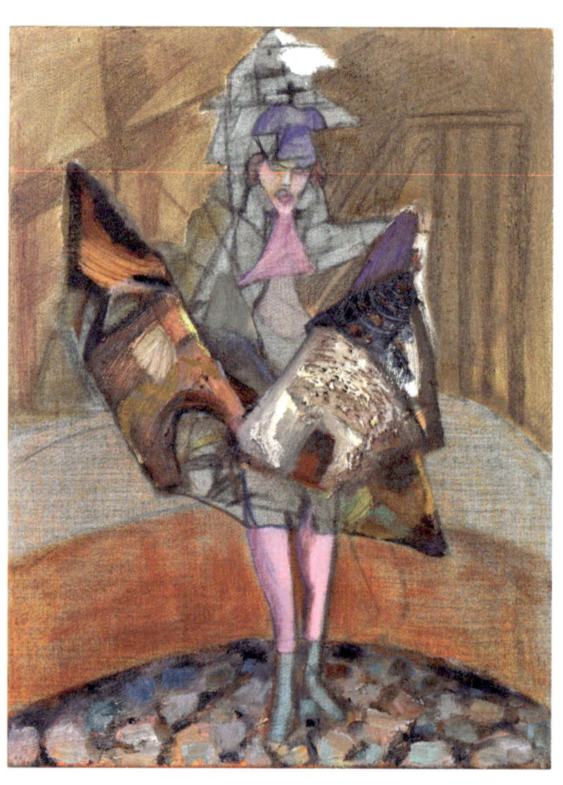

Harzer Held(in), 2020
Öl auf Leinwand, 60 × 45 cm
Oil on canvas, 23 ⅔ × 17 ⅔ in

Pünktlich um immer! On Time @ 4ever!

Alexander Iskin wurde für das Jahr 2020 mit dem Goslarer Kaiserring stipendium ausgezeichnet, das seit 1984 vom Verein zur Förderung Moderner Kuns verliehen und seit 2014 von der AKB Stiftung in Einbeck gefördert wird. Die Jury setzt sich aus den Vorstandsmitgliedern, der Direktion des Mönchehaus Museums, D Bettina Ruhrberg, der AKB Stiftung, vertreten durch Michael Büchting, und externer Fachjuroren zusammen.

Die AKB Stiftung ist eine junge Stiftung mit einem alten Familienhinter grund, die sich im Sinne des Stifters auch für Kunst und Kultur vorwiegend in der süc niedersächsischen Region engagiert. „Kunst und Kultur sind uns wichtige Anliegen fü den Transport und die Vermittlung gesellschaftlicher Werte und des Zeitgeistes. Sc möchte die Stiftung durch ihre Förderung den Menschen die Auseinandersetzung mi den gesellschaftlichen Werten ermöglichen. Das geschieht durch Projekte der kulturelle Bildung sowie Teilhabe, ebenso wie durch die Förderung von Exzellenz“, wie es Michae Büchting, Mitglied des Vorstands der AKB Stiftung, beschrieben hat.

Im Rahmen der Stipendienvergabe eröffnete Iskin im Sommer 202 seine Ausstellung *Die Ursache liegt in der Zukunft* im Mönchehaus Museum in Goslar unc im April 2021 die Ausstellung *Pünktlich um immer* in der KWS Art Lounge NEWCOME in Einbeck Die Kooperation beider Häuser in Form zweier aufeinander folgenden Aus stellungen besteht seit 2015. Die Galerie in der Einbecker Altstadt versteht sich vor allen als Sprungbrett für junge Künstler und bietet eine Plattform zum lebendigen Austausc mit neuen innovativen künstlerischen Positionen. Daher lag es nahe, die Stipendiate ausstellung nach Goslar stets in veränderter Form in Einbeck – auf die jeweiligen Aus stellungsräume bezogen – zu zeigen.

KWS steht als Familienunternehmen für Tradition, Bodenhaftung unc erfolgreiche Pflanzenzüchtung, aber auch für Wachstum und Weltoffenheit. So ist e dem Unternehmen ein besonderes Anliegen, Vielfalt, Individualität und Kreativitä zu fördern. Aus diesem Verständnis werden Kunst und Kultur als besonderes Angebo für Mitarbeiter und Gesellschaft zum wesentlichen Baustein des Engagements. „Al Pflanzenzüchter und Forschungsunternehmen leben wir von Eigenschaften wie Neugie Experimentierfreude und Offenheit. Innovation braucht Freiraum, um sich zu entfalten genau wie die Kunst. Daher bin ich überzeugt: Kunst macht einen Unterschied. Aus de Auseinandersetzung mit ihr können wir Energie und Inspiration für unseren eigene Antrieb gewinnen“, ergänzte Dr. Felix Büchting, Mitglied des KWS Vorstands.

Wir danken dem Künstler für zwei gelungene Ausstellungen im Mönche haus und in der KWS Art Lounge NEWCOMER. Sie haben Alexander Iskins Konzeptio des Interrealismus auf unterschiedliche Weise jedes Mal neu erlebbar gemacht.

Dieser Katalog erscheint anlässlich der Vergabe des Kaiserringstipendiums 2020 an Alexander Iskin und der Ausstellung **Alexander Iskin – Die Ursache liegt in der Zukunft**, 12.7. bis 18.10.2020 im Mönchehaus Museum Goslar und der Ausstellung **Alexander Iskin – Pünktlich um immer!** in der KWS Art Lounge NEWCOMER, Einbeck, 15.4. bis 17.6.2021.

This catalogue is published on the occasion of the 2020 Kaiserring Sholarship award to Alexander Iskin and the exhibition **Alexander Iskin – The Cause Lies in the Future**, July 12 until October 18, 2020 at Mönchehaus Museum Goslar and the exhibition **Alexander Iskin – On time @ 4ever!** at the KWS Art Lounge NEWCOMER, Einbeck, April 15 until June 17, 2021.

Herausgeber / Editor
Mönchehaus Museum Goslar

Gestaltung / Design
Viola Vogel

Texte / Texts
Open AI (Computergenerierter Text)
Leonie Pfennig
Bettina Ruhrberg

Lektorat / Copy Editing
Gudrun Kortlüke
Anja Lenze

Übersetzung / Translation
Josephine Cordero-Sapien

Fotonachweis / Photo Credits
Fred Dott, Berlin

Bildbearbeitung / Image Editing
Gerhard Wittmann

Produktion / Production Management
DISTANZ Verlag

Gesamtherstellung / Printing and Binding
optimal media GmbH, Röbel/Müritz

Vertrieb / Distribution
Edel Germany GmbH
www.edel.com
international-books@edel.com

ISBN 978-3-95476-389-4
Printed in Germany

Erschienen im / Published by
DISTANZ Verlag
www.distanz.de

gefördert durch / sponsored by

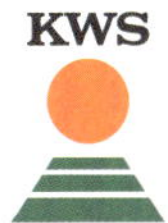

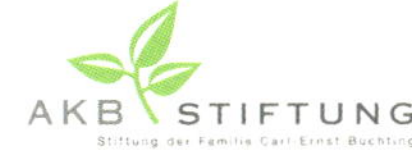

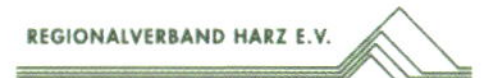

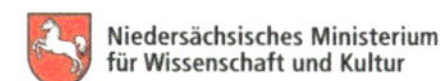

Dank an

Herbert Volkmann
Jonathan und Brigitte Meese
Bettina Ruhrberg
Mönchehaus Museum
Jan-Philipp Sexauer
Elena Kondraschowa
Lev Iskin
Viola Vogel
Josephine Hubalek
Luisa und Felix
Johan Zeller
Karl-Heinz Ramke
Ingrid und Thomas Jochheim
Andy Behrendt, Objekt4-Softwareentwicklung
Thomas Finder, FinderTV Kameraverleih
Arri Rental
Claudia Helming
Sonja Meyrl
Johanna Driest
Christoph Neumann
Marie und Tom
Frank Kü.
Armin und Anna Mey
Ehepaar Dres. Ute und Helmut Nicolaus
Bernd
Mundi und Sarina
Anna Belvedere
Peter Sch.
Efim und Paula Chapiro
Ludmila
Manfred und Burgy Herrmann
Klaus Wiedemann
Sisi Zheng
Johanna Laleh von Holst
Dr. Philipp Hackländer
Dr. Ayhan Dogan
Anne Dreyer & Jürgen Wacker
Axel Sartingen
Stavros Efremidis
Wolfilein
DISTANZ Verlag
KWS Saat